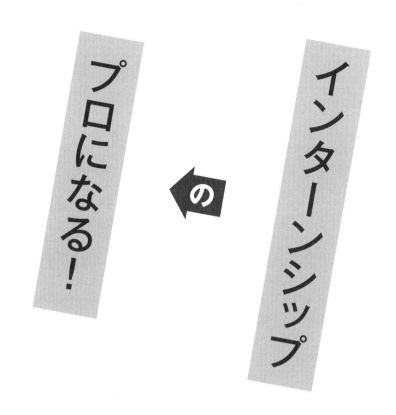

インターンシップのプロになる！

まず、何から始めるか？
ポイントをしっかり教えます！

監　修　山田 総一郎
日本学生支援機構学生生活部長
編集代表　加藤 敏明
文部科学省「産業界のニーズに対応した教育改善・充実体制整備事業委員会」委員

悠　光　堂

『インターンシップのプロになる！』の刊行に当たって

　日本学生支援機構は、昨年度から、文部科学省の「産業界のニーズに対応した教育改善・充実体制整備事業【テーマB】」、「インターンシップ等を通じた教育強化」の全国的なインターンシップ等推進組織として、インターンシップ等の研修会を全国各地で開催することなどにより、大学等のインターンシップやPBL（課題解決型学習）の取組拡大の支援の充実に努めているところです。

　昨年度に開催した研修会の事例発表資料等は当機構のホームページに掲載しましたほか、冊子として各大学等に配布したところです。

　本書は各大学等のインターンシップ等の推進に当たって実際にご苦労された点などの経緯が詳述されているほか、経済同友会藤巻正志執行役と研修会の統括コーディネーターをお願いしている加藤敏明先生との対談を通じて経済界の考え方や大学側への期待もわかりやすく記述されているという点で、我が国の大学等が今後、インターンシップ等を推進していく上で大変参考となる、これまで例のないタイプの参考図書として刊行されたと考えております。

　政府の今年度の日本再興戦略でも、学生のインターンシップ参加比率を飛躍的に高めることとされており、本書が大学等の管理的な立場にある方々やインターンシップ等を担当されている教職員のよき参考書となって、我が国の大学等のインターンシップ等がさらに発展していくことを期待しているところです。

独立行政法人 日本学生支援機構
理事長　遠藤 勝裕

ご　挨　拶

　社会が大きく変化する中で、大学には人材育成に関して一層大きな役割が期待されていますが、大学における人材育成と企業が大学に求めるものとの間には乖離があることが指摘されています。その乖離を解消し、社会で活躍できる人材を育成するためには、大学は産業界との連携を強め、社会のニーズを踏まえた教育を実施することが求められています。そのための取組の一環として、インターンシップが挙げられています。

　インターンシップは、大学における学修と社会での経験を結びけることで、学生の学修の深化や新たな学習意欲の喚起につながるとともに、学生が自己の職業適性や将来設計について考える機会となり、主体的な職業選択や高い職業意識が図られる有益な取組であると考えられるため、文部科学省としてもその推進に力を入れて取り組んでいるところです。その結果、単位認定を行う授業科目としてインターンシップを実施している大学数は年々増加傾向にありますが、参加する学生数にはまだ課題があることも事実です。

　本書が各大学におけるインターンシップのさらなる推進の一助となり、より多くの学生の皆さんが、明確な目的意識をもって学習し、社会を生き抜く力を身に付けていかれることを強く期待しています。

文部科学省 高等教育局
専門教育課長　北山 浩士

目 次

1章　インターンシップの現状 ……………………… 5

インターンシップの推進（最新動向）………… 6

インターンシップのプロになるために ……… 17

2章　大学における専門人材 ………………23

＜教員系列＞

- 九州産業大学 …………………………… 27
- 福岡工業大学 …………………………… 37
- 新潟大学農学部 ………………………… 47
- 湘北短期大学 …………………………… 57
- 京都学園大学 …………………………… 67
- 摂南大学 ………………………………… 77

＜教職員系列＞

- 京都産業大学 …………………………… 87
- 高知工科大学 …………………………… 97
- 岩手県立大学 ………………………… 107
- 九州インターンシップ推進協議会 ……… 117

3章　経済界から見た専門人材 ………………… 127

1 章

インターンシップの現状

インターンシップの推進（最新動向）

1 最近の政府の方針

日本再興戦略（2013、2014、2015）等

　大学生等のインターンシップについて、日本では、1997年9月に当時の文部省、通商産業省、労働省による「インターンシップの推進に当たっての基本的考え方」（3省合意）を発表した頃から、政府や各地の自治体、経済団体の支援等もあって普及してきたところであるが、最近、政府は一層の推進を図ってきている。

　政府は、平成26年度に、平成27年度以降の大学等卒業予定者に関する就職・採用活動時期の後ろ倒しを行うこととしたとともに、総理から経済界に対して、政府として、キャリア教育やインターンシップへの支援を強化することや、中小企業の魅力を学生に発信する取組に力を入れたい旨を表明するなど、インターンシップの拡充を始め、キャリア教育から就職まで一貫して支援する体制を強化することとした。

　2013年6月に閣議決定された「日本再興戦略」の中で、「若者の活躍推進」として、「インターンシップに参加する学生の数の目標設定を行った上で、地域の大学等と産業界との調整を行う仕組みを構築し、インターンシップ、地元企業の研究、マッチングの機会の拡充を始め、キャリア教育から就職まで一貫して支援する体制を強化する。また、関係団体等の意見を踏まえつつ、インターンシップの活用の重要性等を周知し、その推進を図る。」とされた。翌2014年6月に閣議決定された「日本再興戦略　改訂2014　−未来への挑戦−」でも、「大学改革／グローバル化等に対応する人材力強化」として、「中小企業を含めた企業等へのインターンシップの普及・定着を図る。」とされ、中短期工程表では、「インターンシップ、マッチング機会の拡充等、キャリア教育から就職まで一貫し

て支援」を 2017 年度以降も継続していくこととされた。

さらに、2015 年 6 月に閣議決定された日本再興戦略改訂 2015 では、「大学等におけるインターンシップの推進」として、「大学等の学びと職業選択が切れ目なくつながるよう、学生のインターンシップ参加比率を飛躍的に高める。このため、国立大学法人運営費交付金や私立大学等経常費補助金による傾斜配分等を通じ、インターンシップの単位化、数週間にとどまらない中長期のインターンシップ等を実施している大学等の取組を促進する。その際、学生にとって働く目的を考え自己成長する契機となる、有給インターンシップや中小企業へのインターンシップについても、産学の連携により推進する。」とされ、中短期工程表では、上記の「インターンシップ、マッチング機会の拡充等、キャリア教育から就職まで一貫して支援」と「インターンシップの単位化、中長期・有給のインターンシップ等を実施する大学等の取組推進」を 2018 年度以降も継続していくこととされている。

「インターンシップの普及及び質的充実のための推進方策について」意見のとりまとめ

文部科学省は 2013 年 2 月に「体系的なキャリア教育・職業教育の推進に向けたインターンシップの更なる充実に関する調査研究協力者会議」(座長：荻上大妻女子大学学長。加藤敏明先生も委員。)を設置し、7 回の会議を経て、同年 8 月に標記の意見が取りまとめられた。「主な課題」として以下が挙げられている。

- 参加を希望する学生に比べて受入企業の数が少ない、又は受入企業の開拓が不足。
- 学生の希望先が大企業や有名企業に集中するとともに、中小企業を希望する学生が比較的少ない。
- 大学の関与が不十分であったり、一部の教職員だけの任務とされる状況もある。

また、「大学等及び企業等において推進すべき取組」として以下が挙げられている。

①大学等の取組の活性化

- 教職員全体としての取組、組織間の連携・協力体制の整備、産業界の連携・協力体制が重要。
- インターンシップの単位化、事前・事後教育が有益。
- 学生への啓発や、企業による受入れの円滑化にも取り組むことが必要

②多様な形態のインターンシップ等の取組推進

・中長期インターンシップ、コーオプ教育等（長期休業期間以外での実施促進のためにも重要）

・特定の資格取得を目的として実施する実習（教育実習、看護実習等）の積極的な評価

・サービス・ラーニング、企業等において現場での活動を伴わない活動
また、「国、地域において推進すべき取組」として以下が挙げられている。

③インターンシップ受入れ拡大に向けた地域における実施体制の整備

・専門人材（コーディネーター等）の養成等

・インターンシップに関する大学等と産業界を調整する仕組み（企業開拓、マッチング等）

・企業等の魅力発信

④インターンシップの普及・推進（中長期インターンシップ・コーオプ教育等の多様な形態のインターンシップ等の総合的な推進、インターンシップの質的向上の取組、企業受入れ円滑化のための取組等）

⑤学生が大学を経由しないで参加するインターンシップの実態を把握しつつ、参加率の目標を設定（教育実習等を除いた在学中のインターンシップ参加率を考えるなど）

⑥上記「3省合意」の見直し

「インターンシップの推進に当たっての基本的考え方」（3省合意）の見直し

「3省合意」は、2014年4月に文部科学省、厚生労働省、経済産業省により見直され、これまで広報活動・採用選考活動に使用できなかった、企業がインターンシップ等で取得した学生情報を広報活動・採用選考活動に使用できることとなった。学生が企業に対し自ら提出したエントリーシート、成績表等にインターンシップの参加事実、フィードバック結果等が記載されている場合は、他の成績書類と同様に広報活動・採用選考活動に使用できることとなった。

2 全国的なインターンシップ等推進組織としての機構の取組

大学等のインターンシップを含むキャリア教育を支援する文部科学省の事業として、最近では、平成22年度に始まった「大学生の就業力育成支援事業」（通称：就業力GP）があり、180校が支援対象となった。さらに、平成24年度に始まった、「産業界のニーズに対応した教育改善・充実体制整備事業テーマA」は、産業界のニーズに対応した人材育成の取組を行う大学、短期大学同士が連携し、

地域の産業界等と一体となった人材育成や、産業界等の大学に対するニーズを踏まえた取組を支援するものである。全国174校が採択され、平成26年度までの3年間、インターンシップの推進を含むキャリア教育の充実に取り組んだところで、この分野での大学間の連携等について多くの地域で相当の成果を上げたとの指摘もある。

「産業界のニーズに対応した教育改善・充実体制整備事業テーマB」は平成26年度にインターンシップの普及拡大に特化した事業として開始された。インターンシップ等の取組拡大のため、地域でインターンシップ等を推進する組織・団体等との連携の下、インターンシップ等のマッチングや専門人材の養成等の取組を支援するとともに、事業を通じて得られた効果的な取組の全国への普及を行うもので、27年度は「インターンシップ等を通じた教育強化」事業として継続された（下図参照）。

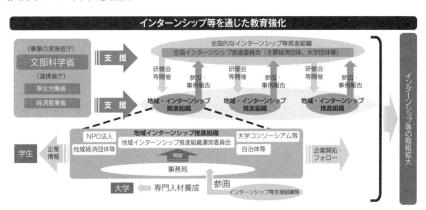

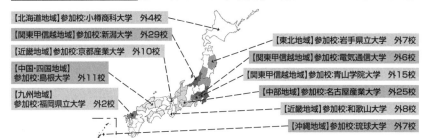

日本学生支援機構（以下、当機構）は、26年度はテーマB、27年度は「インターンシップ等を通じた教育強化」事業の全国的なインターンシップ等推進組

織として、以下の取組により全国各地の大学等のインターンシップや PBL（課題解決型学習）等の取組拡大を支援している。

インターンシップ等推進委員会

　経済同友会、日本経済団体連合会、日本商工会議所、国立大学協会、日本私立大学団体連合会、公立大学協会所属の委員と有識者の委員で構成され、全国の補助対象大学グループの取組状況の把握や、評価・助言等を行うことを目的として開催している。

　平成26年度は委員による各補助対象大学グループへの実地調査も行い、意見交換や助言が行われた。27年度も委員による各補助対象大学グループの取組状況のヒアリング等を行っている。また、この委員会では、経済同友会が2015年4月に公表したインターンシップに係る内容を含む提言「これからの企業・社会が求める人材像と大学への期待」についての意見交換も行われた。その後、本委員会の委員である経済同友会の藤巻執行役と大学団体等の関係者とのインターンシップの推進等をテーマとする意見交換が行われている。

(2)インターンシップ等実務者研修会

　大学等のインターンシップ等の実務担当者育成を目的に、レクチャー、事例発表、グループディスカッション等を内容として、平成26年度と27年度、研修会を開催している。26年度の研修会の事例発表は、インターンシップや PBL の質的向上と量的拡充の2つのテーマに分けて行った（開催地：大阪、福岡、東京）。本書事例の執筆者は、26年度研修会の発表大学等の皆様である。なお、26年度の研修会の概要・成果等は当機構で冊子にとりまとめ、2015年3月に大学、短期大学、高等専門学校に配布した。また、資料のほとんどは当機構のホームページに掲載している。

　27年度の研修会では中長期インターンシップ、PBL、危機管理の3つのテーマで事例発表をお願いした。今年度は特に取り組みの経緯に重点を置いて発表していただいている（開催地：神戸、福岡、仙台、札幌、東京。ただし、札幌は JASSO インターンシップ等専門人材ワークショップとして開催）。

インターンシップ受け入れ企業の情報提供システムの構築

　各補助対象大学グループの地域のインターンシップ受け入れ企業の全国での情報提供システムを構築した。

インターンシップに関する調査（平成26年度）

情報交換会、成果報告会（補助対象大学グループが対象）

3 大学等におけるインターンシップ実施状況と学生のインターンシップ参加状況

大学等に対するインターンシップ実施状況調査

当機構は平成26年度に大学等におけるインターンシップの平成24・25年度の実施状況について調査した（http://www.jasso.go.jp/career/documents/h26daigaku_chousakekka.pdf参照）。なお、平成23年度以前の実施状況は文部科学省専門教育課が調査している。

①大学等の実施状況

平成25年度では、単位認定を伴う授業科目として実施されているインターンシップ実施学校数は大学が91.5%、大学院が36.9%、短期大学が82.3%、高等専門学校（以下、高専）が100%となっている。このうち、特定の資格取得に関係しないもの（教育実習、看護実習等の実習関係でないもの）の実施率については、大学が70.7%、大学院が23.1%、短期大学が40.7%、高専が100%となっている。

②学生の参加率

平成25年度では、単位認定を伴う授業科目として実施されているインターンシップの学生参加率は、大学が18.5%、大学院が3.8%、短期大学が84.9%、高専が15.0%である。このうち、特定の資格取得に関係しないものは大学が2.4%、大学院が2.0%、短期大学が4.0%、高等専門学校が15.0%となっている。この大学＋大学院の数字と①の実施学校数（大学＋大学院の特定の資格取得に関係しないもの）の推移を示すのが表とグラフである。ただし、参加学生数の割合は、当該年度における学生全体に占める参加学生の割合であり、大学・大学院の卒業・修了までにインターンシップを経験する学生の割合とは異なる。

③実施期間

平成25年度の単位認定を伴う授業科目として実施されているインターンシップの実施期間別参加学生の割合については、3週間未満の合計では大学が67.6%、大学院が53.6%、短期大学が80.4%、高専が94.3%となっている。

学生に対するインターンシップ参加状況調査

「平成26年度学生生活調査」（全国の学生を対象に学生の生活状況を把握する調査で、各大学等において対象学生を無作為に抽出し、所定の調査票により実施）に本調査に関する設問を追加して実施した (http://www.jasso.go.jp/career/

インターンシップの推進(最新動向)

単位認定を行うインターンシップの実施状況の推移

年度	H11	H13	H15	H17	H19	H23	H24	H25
実施校数	186	281	384	447	504	544	536	542
	29.9%	41.9%	55.0%	62.5%	67.7%	70.5%	69.2%	69.8%
参加学生数	19,650	25,063	34,125	42,454	49,726	62,561	66,818	67,691
	0.7%	0.9%	1.2%	1.5%	1.8%	2.2%	2.4%	2.4%

注 ・実施校数の欄の上段は校数、下段は調査対象校に対する割合
 ・参加学生数は大学生(学部生)数と大学院生数の合計
 ・参加学生数の欄の上段は人数、下段は当該年度の学校基本調査における学生数に対する割合

documents/h26gakusei_is_chousakekka.pdf 参照)。26年度内に集計可能な約9300件の調査票を集計した。当機構として行ったインターンシップ関係での初めての学生個人に対する調査で、概要は以下のとおりである。

①インターンシップの参加回数と経験者割合
・大学生の11.8%がインターンシップを経験し、大学3年生では18.7%、4年生では21.8%が経験している。
・短期大学生全体では9.3%が経験し、2年生は12.8%が経験している。
・大学院生全体では12.5%が経験し、修士1年生は17.9%、修士2年生は18.7%が経験している。
・大学生、短期大学生、大学院生のいずれも、全体で2回以上経験している学生は5%未満。

②1回当たりのインターンシップ参加日数
　大学生・短期大学生では、19日(約3週間)以下が80%以上を占める。

③インターンシップに参加して役に立ったこと

大学生では「視野が広がった」が最多（18.8%）で、このほか、「社会で働くイメージが明確になった」、「厳しさや責任を感じた」、「仕事に取り組む姿勢を学んだ」、「将来就きたい業種・企業について理解できた」、「自分の興味・適性がわかった」が10%を超える。

短期大学生では「厳しさや責任を感じた」が最多（17.5%）で、このほか、「視野が広がった」「社会で働くイメージが明確になった」、「仕事に取り組む姿勢を学んだ」、「自分の興味・適性がわかった」、「将来就きたい業種・企業について理解できた」が10%を超える。

大学院生では「視野が広がった」が最多（18.4%）で、このほか、「社会で働くイメージが明確になった」、「将来就きたい業種・企業について理解できた」、「人脈やネットワークが広がった」、「仕事に取り組む姿勢を学んだ」、「厳しさや責任を感じた」が10%を超える。

調査結果の考察

今回の大学等の機関に対する調査により、我が国の大学等における実習関係以外のインターンシップの参加率は、米国、英国と比較すると、依然として特に中長期について相当低いものの、漸増傾向にあることが示された。また、学生のインターンシップ経験の状況が一定程度把握できたところで、その経験後「社会で働くイメージが明確になった」などと感じた結果が示され、インターンシップが学生の就職におけるミスマッチ減少の上でも一定意義を有することを示すものと考えられる。

平成26年度以降は、現在の大学4年生からの就職・採用活動時期の後ろ倒しや、景気の回復傾向による企業の採用意欲の高まり等により、インターンシップがさらに増加してきていると指摘されている。他方、特に1dayインターンシップ等の短期インターンシップには質的な面等で問題のケースもあるとの指摘もある。したがって、今後は、こうした量的拡充を質的な充実と並行して促進することが肝要と考えられる。さらに、今回の大学等に対する調査では、初めて保険の加入状況と海外インターンシップにおけるビザについて調査した。インターンシップ、特に海外インターンシップにおいては危機管理が重要であるとともに、事件、事故等に対応するための保険加入が必須である。また、中長期のインターンシップを推進する上では、国内では社会保険料の負担問題、海外ではビザの取得の問題が大きいという話も聞いているところであり、今後、各大学等がインターンシップを推進していく上では、こうした実務面での課題もクリアしていくことも重要と考えられる。

4 日本学生支援機構による調査等概要

海外調査の概要

　平成 26 年 3 月に、米国 3 大学（シンシナティ大学、ハーバード大学（人文科学学部）、ノースイースタン大学）と英国 2 大学（ブルネル大学、ロンドンメトロポリタン大学）のインターンシップ実施状況を調査した。このうち、シンシナティ大学とノースイースタン大学は大学学部の課程に企業実習を組み込む「コーオプ教育」を 100 年以上実施している（企業実習を各 4 か月、6 か月単位で複数回組み込んでいる）。ハーバード大学人文科学学部は夏休みのインターンシップのみ実施している。

　ブルネル大学は、大学学部の課程に企業実習を組み込む「サンドウイッチ教育」を 60 年以上実施し（企業実習期間は 6 か月と 12 か月）、ロンドンメトロポリタン大学は 12 か月の「サンドウイッチ教育」と短期インターンシップを実施している。

　海外の大学の状況全体については加藤敏明先生の項にあるが、訪問した大学の専門人材（教員系、職員系）が人数と経験年数や資格等で示される資質面の双方で充実していること、米英両国において優良事例の共有等による専門人材の研修システムが整っていること、英国においてはインターンシップの教育面での質保証のための努力も行われていることは本稿で記しておきたい。

国内訪問調査結果等の概要

　当機構では平成 25 年度後半に上述の「産業界ニーズ事業テーマ A」採択大学や、インターンシップ推進協議会、大学コンソーシアム等の各地域でインターンシップを推進している組織を調査したほか、26 年度以降も上述のインターンシップ等推進委員会の委員に同行する等して、テーマ B 採択大学等を訪問した。

　①インターンシップ等の質的向上

　加藤先生の項の内容が中心となるので、補足的に紹介すると、事前学習や事後学習の充実に努めることのほか、事前の学生との面接や個別指導を丁寧に行うことにより、適切なマッチングを図ることが成果の向上を図る鍵と考えられた。

　また、学生による自己評価に加えて、企業等の受け入れ先にも評価を依頼し、さらに、教員が学生の自己評価と企業側の評価の双方を確認した上で評価を行うなどによって質の向上を図るケースは好事例として評価できると考えられる。インターンシップ実施前後の学生の成長内容の評価としては、社会人基礎

力自己診断や、ルーブリック評価、民間で開発した診断の活用例がみられた。

②インターンシップ等の量的拡充

量的拡充関係の課題は、学生の意欲が低く、インターンシップを希望しない、学生が希望する受け入れ先を十分開拓できない、学生が中小企業を希望しないといったことや、第一希望が叶わなかった学生へのフォロー、プログラム設計等がある。

現在、各地では、本書で取り組みが紹介されている九州インターンシップ推進協議会のような協議会や大学コンソーシアム、ＮＰＯ等が、企業開拓やマッチング、プログラム開発などを推進しているところである。これらの団体の中には県や市等の行政機関、経営者協会等の経済団体等の支援を受けているところもある。

26年度の研修会の量的拡充セッションでは、こうした団体が有する実践に基づく優れたノウハウを紹介していただいたところであり、今後、各大学等がこれらの団体から紹介されたノウハウを参考にして取り組んでいくことを期待している。

また、上述の「産業界ニーズ事業テーマＢ」と27年度の「インターンシップ等を通じた教育強化」事業により、新たに産学官連携の組織が新設されている地域もあり、今後の産学官連携の充実による成果にも期待している。

（本稿は、学校経理研究会発行の雑誌「学校法人」に26年の9月号から27年の1月号、27年の6月号に掲載した拙稿の一部を加筆、修正したものである。）

インターンシップの
プロになるために

1 なぜ、今、インターンシップのプロなのか

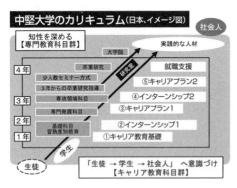

左図（中堅大学）は日本の典型的なキャリア教育の姿だ。「専門教育科目群」と「キャリア教育科目群」が入学から卒業まで漏れなく配置され、両輪となって生徒（高校生）から学生気質へ、さらに立派な社会人へ意識づけを行う。もっとも、この両輪システムを構築しているのは一部のキャリア教育先駆校群で、構築を目指している途上の大学が数多く存在するのが我が国の実情である。

目を世界に転じてみよう。

欧米のキャリア教育先駆校のカリキュラムをホームページ上で確認したところ、右図（欧米某大学）のような構図が現れた。数年前は両輪システムだったのだが、あたかもキャリア教育科目が駆逐されてしまったかのような……。さらにカリキュラムに深く立ち入ると実像が見えてくる。すべての教員が自らの担当科目の中で、専門教

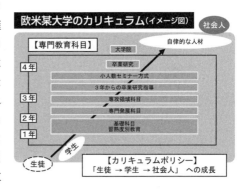

育とキャリア教育をともに展開しているのだ。それは経営学や法学など実学と言われる分野に限らない。数学や哲学といった領域の先生でさえ、2か月程度のインターンシップ（実習系授業）を盛り込んでいる。すなわち、キャリア教育はもはや専門とする教員だけでなく、ほぼすべての教員によって手掛けられる時代が到来しているのだ。

キャリア教育（Career Education）の言葉が公式に用いられた端緒は、1969年12月に時の19代連邦教育局長（後の初代教育省長官）、シドニー・マーランドの演説だったとされる。「すべての教育はキャリア教育であるべきだ」。彼の精神は今、実現している。そして、これが高等教育における国際標準化の潮流なのだ。あらゆる教職員は、教室の中ばかりでなくキャンパスの外（ビジネス社会や地域など）と連携し、学生を世界に通用する自律的な高度人材に育て上げるべく、世界は今、大競争時代に突入しているのである。

再び我が国を振り返ろう。カリキュラム上、多くは専門教育科目とキャリア教育科目の担当教員は異なる。前者には学部や研究科の重鎮が居並び、後者には若手の専任教員とともに任期制教員の姿が数多く見受けられる。過去10年余り国が積極的に推し進めてきたキャリア教育、インターンシップ支援の影響が色濃い。大学を訪ねると「キャリア教育やインターンシップは専門の先生にお任せしています」。こんな声がまま聞こえてくる。

もうお分かりだろう。本書は、こうした国際標準化の世界的な動向を視野に捉えながら、インターンシップに代表される産学連携教育の担い手（プロフェッショナル）育成に向けたガイドブックとして編纂している。同時に、「このたびインターンシップ（またはキャリア教育）の担当部署に着任しました」という未経験の教職員の方々や、「これから大学と連携して何かやりたいな」と考え始めた経済界の方々にも十分理解してもらえるよう、指南書としての役割も持たせた。

2 プロは、どこにいる？

「プロなんておこがましい。私なんか、とてもとても……」

謙虚な貴方。案外、インターンシップのプロたちは身近な存在ということを知ってほしい。2014年に全国3地区で開催された「インターンシップ等実務者研修会（以下、研修会）」（日本学生支援機構）では、図（タイプ別専門人材）のように5タイプのプロ（研修会では「専門人材」と呼んだ）が全国に多数存在することが確認できた。プロは身近に、いっぱいいたのだ。

タイプ別専門人材

開発A型（対 経済界）
教員系／魅力的なインターンシップ等の開発力に優れる

開発B型（対 学生）
教員系／学修意欲を喚起する教育力に優れる

管理者型
教職員系／トップダウンでインターンシップ等を推進する

調整型
教職員系／学内、学外の調整力に優れる

業務遂行型
教職員系／運営上のあらゆる業務に精通する

教員系列では、主に連携相手の経済界などに向けて魅力的なインターンシップを開発する能力に長けた「開発A型」と、入学早々からオモシロ教育プログラムを数多く開発し組み合わせ、学生の学修意欲を喚起する「開発B型」の2タイプがすでに存在する。中でも学修意欲喚起のB型は、中堅の大学には大いに参照されるべきものだ。ここではもはやインターンシップは単独で存在せず、体験型学習の1メニューに過ぎない。ゲーム形式の学習プログラムや農業体験、実習、コンテスト形式など様々な体験型の教育プログラムを含んでいる。この複合化現象もまた、世界標準の一つなのだ。

息をつく間もない授業

話を戻そう。この開発B型タイプの取組事例として本書では、九州産業大学、福岡工業大学、新潟大学農学部、湘北短期大学の4大学が登場するが、ここでは本編とは別に九州産業大学の事例「事業開発演習」の授業模様を紹介しよう。

教室では、複数のタイプの異なる教員が1年から4年まで全年代の学生が受講する授業を「見守る」。15分刻みでスタイルを変えてゆく個性的な授業は、原則として学生の自主運営に託される。上級生が仕切るかたちだ。

「次は○○で〜す。グループになって話し合ってくださ〜い」

学生たちは教室内を動き回り、時に登壇して発表し気を抜く場面がない。時にちょっと困ったな、という局面にだけ教員が口をはさむ。学生チームによっては教室の外に出て農業体験をしたりコンテストの準備に専念したり。あれよあれよと言う間に90分×2の連続授業が終わってしまう。そこに大学生になり切れない「高校4年生」の姿はない。こんな素敵な授業を開発した先生の生の声は、本編で。

「エースを出してくれ」

教職員系列でも「管理者型」「調整型」「業務遂行型」の3タイプがしっかり存在していることが確認された。管理者型とはすなわち、副学長や理事などの要職に就く人材がトップダウンで新たな取組を推進し組織体制を整備するもの。調整型は、学内外の調整に優れた才覚を発揮する人材を指す。今、大学界は中堅を核に国の支援で大学間連携の時代に入った。英知を結集して教育力の

底上げを図ろうという試みだ。その際、本来はライバル関係にある近隣の大学と細かな調整を行う地味で重い労力を伴う仕事を通じ、如何なく力を発揮する教職員が「研修会」に登壇した。本書ではその中から高知工科大学と岩手県立大学を紹介する。

　ここでは、管理型として本編で登場する京都産業大学を別の角度から紹介しよう。筆者は理事職にある。物事の発端は、彼がまだ中堅職員だった頃のこと。大学の将来を憂えた彼は長期インターンシップの教育効果に目覚め、スライド投影機を担いで学部や研究科を巡り始める。「実践的な教育で本学を特長づけましょう。そのための手段として、コーオプ教育（米国では長期インターンシップをこの名で呼ぶことが多い）です！」と。

　やがて苦労が実り学内にセンターが設置されることに。ところが学部から選出された顔ぶれは必ずしもキャリア教育やインターンシップに理解のある者たちばかりではない。いわゆる学部の事情で選出された気配が強い。彼はそこで理事としての権限を最大限発揮する。

　「もう一度、人選を見直してほしい。コーオプ教育は我が校の御旗になり得る。センターには若手のエース級人材を集めたい」

　2015年夏、同大学で世界コーオプ教育協会（WACE）の世界大会が開催された。日本初だ。この組織はインターンシップの唯一の国際学会として公認されており、日本のコーオプ教育先駆校としての世界的に認知された格好だ。実はそこに、管理型のプロが大きく関与していたのである。

　ちなみに、区別化して登場する九州インターンシップ推進協議会の筆者は「業務遂行型」の典型的なプロフェッショナル。特に職員系列の読者は、必読だ。

周囲の理解に苦労を重ねるプロたち

　さて、そんなプロたちは、どのようにして生み出されたのだろうか。「研修会」では続々とそのノウハウが提示された。ここではその中から特に汎用性の高そうなものを紹介する。

　すべての基本は日々の業務（OJT）の中で培われる。その上で、学内から内発的にインターンシップのプロを醸成する方策として、図（基本はOJT）のように

基本はOJT

事前・事後学習で他学部教員を巻き込む
学内のキーパーソンを見つけ出す
教員を地域に送り出し意識変革を起こす
公募型コンテスト、資金を活用する
実践的な教育の評価システムを導入する
若手教員の研究領域に組み込む
トップダウンで適材を配置する
職員系列でロールモデルを創り出す

8つの具体的なノウハウが示された。共通するのは、キャリア教育やインターンシップの学内認知を高める手法。それだけ、各タイプのプロたちは組織内で

自らの立ち位置を確立するために、人知れず苦労を重ねているのだろう。

　インターンシップの事前・事後学習の際に経営学部の教員に声をかけ講義を担当してもらい、その過程で学生の成長を目の当たりにさせる。インターンシップの中間視察に他学部のゼミ教員を誘い、自身の教え子の成長を見させた上で地域住民との交流を通じて意識変革を狙う。若手の教員の研究領域に「キャリア教育」「産学連携教育」を加え、研究業績に結びつけることで良き理解者に育て上げる。公募型のコンテストや補助金を獲得することで周囲の信任を得る。

　インターンシップの教育現場の最前線に携わるプロたちがこうした日々の努力を重ねる中で今、日本ではじわじわと、時に急速に新たな教育意識と手法が広まり、定着しているのだ。読者諸氏、ぜひ学び取り、持ち帰り、応用し、実現してほしい。

3 本書の上手な活用法

「お悩みチェック」から入ろう

　編集の基本的な考え方は「先人に学べ」である。本書に登場する多数の事例は基本的に2014年の「研修会」成果を基としている。先駆的な延べ15大学からの事例発表から厳選した9大学の取組に加え、仲介組織や産業界からの知見も盛り込んだ。世界に通用する長期インターンシップを展開している大学もあれば、汎用性高く、誰もがすぐに採り入れられる取組もある。読者が仮に大学人とすれば、「あぁ、こんな手があったのか」と瞠目する局面がきっとあるはず。

　そのためにも、ぜひ「お悩みチェック」を活用してもらいたい。日本には800近い大学、短大が存在する。大規模な大学もあれば地方の単科大学もある。医薬系の大学や音大、芸大など専門性の高い大学も少なくないし、理系や文系のみの大学だってある。お家事情は様々だ。いくら「良い取組だなぁ」と感心しても、いざ我が校に採用しようとすればたちどころに組織固有の問題、事情で話がとん挫してしまう可能性は大きい。

　そこで登場するのが「お悩みチェック」だ。なかなか進まないキャリア教育やインターンシップの取組の背景にあるのはマンパワー不足なのか、はたまた学生気質の問題なのか、組織の意識の在り方なのか。まずは19項目のチェック項目（P.24）から参考になりそうな取組事例を洗い出してほしい。編集代表としては本書をぜ〜んぶ読んでほしいが、昨今の大学は忙しい。読者が経済人なら尚更だろう。貴重な時間を有効に使って優れた先人の知恵に学び、実際に役立ててもらうための工夫だ。ぜひ、活用してもらいたい。

「経緯」に学んでほしい

　参考になりそうな各取組事例が見つかったら、読み方も伝授したい。

　本書は、その秀逸な取組や組織体制の構築がいつ、どこで、誰の手によって始まり、その後どのような壁に突き当たりどうやって乗り越え今に至ったのか、いわゆる「経緯」に軸足を置いて紹介されている。一般的な取組事例はその完成形が紹介されるが、「すごい！うちでもぜひ導入したい」と心をときめかせても、いざ我が家（大学）に帰ったものの「何から手を付けたらよいものか、とほほ……」と意気消沈してしまった苦い記憶もあるのでは。

　だからこそ、経緯（プロセス）だと考える。雲の上のように見えてしまう総合的で高度な取組も、実は「最近の学生、学ぶ姿勢がなってませんねぇ。どう思います？」と数人の教職員がたまたま言葉を交わしたことから始まっている。そこから先は多種多様。国の補助制度に応募して資金調達から着手したり、やる気のあるちょっと浮いた職員（課長）が赴任したので思い切り焚き付けて意識変革の渦を創り出したり、と。「概要」も「課題」も充分に参考になるが、何といっても本書の売りは「経緯」。執筆陣にも「可能な限り内輪話を披露してほしい」と懇願してきた経緯がある。執筆者たちの思いを汲み取ってほしい。

4 　編集代表から伝えたいこと

　筆者もインターンシップのプロの一人と自認する。最後に誌面を借りて、読者に自身のノウハウを伝授しよう。

　インターンシップに代表される産学連携教育は、体験型学習と整理することも可能だ。かつてコーオプ教育の生みの親、ハーマン・シュナイダーは自らの経験をもとに「大学の学びと体験的な学びの往還を通じて人は成長する」と述べたという。座学（理論）を実践で検証するという科学的な意味ばかりでなく、教室の中で学び難いものは確かにある。例えば自主性、主体性といった自律的能力だ。学生は、とりわけ日本の学生たちは同質性が高い。初等・中等教育期間中、ほぼ同年代の限られた顔ぶれの世界で育てられる。欧米で初等教育からインターンシップが導入されているのとは大違いだ。経済界から「留学生に比べて日本の学生は子供っぽい」という声が頻繁に聞こえてくる所以だろう。

　だからこそ、学生を教室やキャンパスの外に送り出そう。一日でも長く、一度でも多く。

大学は専門家の百貨店

その一方策が、卒業生にある。本編のコメント（P.49）で熊本学園大学が経済学部創設40周年に「卒業生インタビュープログラム」を実践した事例を紹介しているが、そのほかにも全国で類似の取組は数多い。卒業生が母校を、後輩たちを思う気持ちは強い。筆者も試行的に「正義と倫理」という大仰な名称の科目を開講したことがある。卒業生たちに自己の人生を振り返り、公益的な精神を抱えつつ働く大切さについて在学生と話し合う場を用意した、実にシンプルな授業だ。後日、参加した卒業生からこんなメッセージが届いた。「学生の澄んだ眼に心が洗われ、救われた。授業で最も学んだのは、私だ」。名古屋で会社を経営する彼は、その後毎年、後輩学生をインターンシップで受入れ続ける。

学内の認知を高める方策もひとつ紹介しよう。インターンシップに類似する取組にPBL（ProjectまたはProblem Based Learning）がある。課題解決型あるいは問題発見型インターンシップとして扱われる事例も多い。学生に主体的に調べさせ、問題発見・解決能力とともに自律的な意識を植え付ける有効な教育手法だ。過程では学生の主体的な調査が不可欠だが、調べさせる際にはぜひ、専門家として大学所属の教員を使いたい。

大学教員は、一種のオタク族だ。かつて同僚に石仏の研究家がいた。彼は居酒屋で6時間、世界の石仏事情と研究動向さらに裏話を延々と話し続けた。なんでも国内外に石仏愛好家を含めた数百人のネットワークを持っているという。ある年、シティホテルと組み長期インターンシップで学生を送り込んだ際の課題が「ホテル周辺の観光マップづくり」。学生チームにその教員を紹介したところ、彼の呼びかけで瞬く間に全国の石仏専門家から情報が寄せられ、その道の「通」も唸るマップが完成した。

実は彼、大のインターンシップ嫌いで知られる人物だったのだが、研究室に学生が石仏について知りたいと訪ねてきたため渋々対応。その後、完成した観光マップが彼の周囲で話題となり気を良くし、とどめにすっかり成長した学生たちが再び研究室を訪れ挨拶した暁には、「インターンシップ、いいね！」と思わず叫んだとか。

プロ（専門家）は、とにかく身近にいっぱいいるのだ。

2 章

大学における専門人材

事例の読み解き方

　本章の事例は、日本学生支援機構が 2014 年度に全国 3 地区で開催した「インターンシップ等実務者研修会」で登壇したインターンシップ等の実践者の中から、他大学が導入しやすい波及性の高いものを厳選しています。その趣旨に沿い、「大学概要」に続き取組の「概要」「経緯」「課題」に整理し、中でも「経緯」を重点的に紹介しています。また、読者の検索性を高めるための「お悩みチェック」や編集代表による「ワンポイントアドバイス」など、先駆的な事例を導入するための様々なサポートが盛り込まれています。

■ インターンシップのプロ（専門人材）をタイプ分け

プロを目指す読者のために、9 大学の事例を 5 タイプに分けています。詳しくは 1 章 2 をお読みください。

■「大学概要」

各大学について基本情報を掲載しました。規模や学部構成、立地条件など導入の参考になる基本データです。

■「お悩みチェック」

読者が何に悩んでいるのか、そこから相応しい事例を選べる「お悩みチェック」を設けています。「とても参考になる」ものは◎、「参考になる」ものが○、「もしかしたら参考になるかも」を△で表示しています。編集部が執筆者と相談の上、作成しました。

■「ここがポイント」

編集代表が豊富な経験に基づき、導入にあたっての留意点やコツなどクローズアップしたい箇所などを的確にアドバイスします。

■「注」

執筆者が本文の背景や参考情報などを補足説明。事例のより深い理解に役立ちます。

■「執筆者のホンネ」

実践者による読者に向けた本音コメントです。汗をかき涙を流した苦労や喜びから醸し出された言葉は、きっと心に響くことでしょう。

■「編集代表による解説」

編集代表による言いたい放題コメント。執筆者になり替わり、本音ベースの導入ノウハウを大公開。まず何から始めるか、読むべきポイントはどこか、軽妙に解説します。

お 悩 み チ ェ ッ ク

立地等への悩み	産業基盤の乏しい地域にある	
	複数キャンパスでまとまりにくい	
	地域トップ校の重圧がある	
組織への悩み	総合大学で認識の共有が大変	
	小規模大学で手が回らない	
	縦割り組織で困っている	
	学部や研究科の中枢ほど産学連携を軽視する	
	中核的組織センターがない、機能していない	
教育への悩み	魅力ある取組を開発してみたい	
	複合的な取組を検討したい	
	他大学と連携したい	
	教育に対する評価を導入したい	
マンパワーへの悩み	やる気のある教職員が孤立気味だ	
	民間企業に業務が丸投げされている	
	職員に業務が押し付けられている	
	職員の協力がなかなか得られない	
学生への悩み	学修意欲が低く手を焼いている	
	しばしば派遣先で問題を起こす	
	大学の窓口を利用してくれない	

2章　大学における専門人材

開発B型(対 学生）：教員系

九州産業大学

【大学概要】
(平成27年5月1日現在)

住所：〒813-8503　福岡県福岡市東区松香台２−３−１
学部:7学部
（経済学部・商学部・経営学部・国際文化学部・芸術学部・工学部・情報科学部）
教職員数:356名
学生数:10,552名
学校種:総合大学

お 悩 み チ ェ ッ ク

組織への悩み	総合大学で認識の共有が大変	○
	縦割り組織で困っている	○
	学部や研究科の中枢ほど産学連携を軽視する	○
	中核的組織センターがない、機能していない	○
教育への悩み	魅力ある取組を開発してみたい	◎
	複合的な取組を検討したい	◎
	教育に対する評価を導入したい	△
マンパワーへの悩み	やる気のある教職員が孤立気味だ	◎
	民間企業に業務が丸投げされている	○
	職員の協力がなかなか得られない	○
学生への悩み	学修意欲が低く手を焼いている	◎
	しばしば派遣先で問題を起こす	◎
	大学の窓口を利用してくれない	◎

九州産業大学

取組の概要

事業開発演習——
学生の思いをカタチにする授業

　思いをカタチにするプロジェクトを自ら立ち上げて実践することを通じて、ビジネスマインド、論理的思考力、コミュニケーション能力、行動力を養成することを目指した授業である。

　経営学部の専門科目（必修ではない）として位置付け、1年次前期から4年次後期まで週2コマずつ配当される。卒業まで全て履修すると総計32単位。これらの演習と関連科目（ベンチャービジネス論など）を総称して「^注事業開発コース」と呼ぶ。

　テーマは原則として、学生がやりたいことなら何でもよし。実際に、大学祭での模擬店出店から、ビジネスプラン・コンテストへの作品応募、九産大の良さを広げる活動、同じコースの仲間のレベルアップのための研修企画実施、新入生向けオリエンテーションの企画実施、大学外部の企業や地域団体、NPOなどと組んだ商品開発など。メンバーは一人でもいいし、100人でもよい。ただしフリーライダーが大量に出たり、生産性があまりにも低いときには人数制限をかけたり、プロジェクトを解散させることもある。2015年7月現在、参加者は94人で、大小14のプロジェクトが進められている。

　教員は**専門領域も性格的にもバラエティに富む複数の教員で対応**する（平成27年度は5名）。教員に特定の担当プロジェクトを割り当てず、全員が全体を見る。ただし、教員が特定プロジェクトを自らの担当と考え、支援することも禁止しない。学生たちには、自分たちのプロジェクトのテーマや進行の局面に応じてどの教員に相談すべきか考えることを推奨している。

教え合い、学び合う場

　演習時間の内容は回ごとに異なる。基本的に①演習登録者全員が参加する全体会・全体研修と②各プロジェクトの会議や活動の時間に分かれる。時間外には③プロジェクト

2章　大学における専門人材

注

　現在の事業開発コースの中核科目は「事業開発演習」であるが、2001年の設置時には「ベンチャービジネス論」と「ベンチャービジネス演習」の2科目が中核に置かれた。コースの生みの親は浦野倫平教授で、コースの開設当時はお一人で2科目を担当されていた。浦野教授の初期の頑張りがなければ、私がここでこのような原稿を書くこともなかった。

ここがポイント

　複数教員による共同授業のコツは、タイプの異なる組み合わせ。緻密な進行に配意する慎重派教員と大胆な発想と行動力で学生を惹きつける熱血教員のコラボが理想だ。

28

のリーダーによる会議や、プロジェクトごとの会議、④プロジェクトのイベント等の実施、⑤ SNS のグループページでの活発なコミュニケーションが行われている。

全体会では、プロジェクトの壁を超えた交流や学びのシェアに主眼が置かれる。当番制で学生が全員の前でスピーチをしたり、お互いにコーチングをしたり、自分たちの企画を他に向けてプレゼンすることで、他の学生からフィードバックを得ている。共通の課題（効果的な会議の進め方など）の克服のために研修やワークショップを行う場合もある。

プロジェクトごとの会議は、複数の教室に分かれて実施する。新入生のチームには上級生の支援者がつくこともしばしば。上級生は自分のプロジェクトの会議は他のメンバーに任せたり、時間外にミーティングを実施したりしている。教員も巡回し、助言を求められればそれに答える。

ほとんどが演習時間内では時間が不足し、時間外にもミーティングを行う。プロジェクトの会議のほか、リーダーのみを集めて事業開発コース全体の問題と対策の議論の場として、リーダー会議を定期的に実施する。もちろん、プロジェクトでイベントをしかける場合などは、時間外に行うことが圧倒的に多い。

ミーティングなどの活動報告はSNS のグループページに議事録として報告され、各自どの段階まで進んでいるのか、公開される。プロジェクトだけでなく、個人の活動にもフォーカスを当て「**学びの振り返り**」として活動から学んだことを全員が文章にまとめ投稿する。これを事業開発コースとしては特に力を入れ、週間報告のほか月間報告、期末報告と、節目に自らの行動と学びを確認させている。終点に位置付けられるのは 4 年生のコース修了時の卒業プレゼンテーションだ。最上級生の 4 年間の学びを知ることで、学生、教員関わらずに自らの事業開発コースへの取り組み態度を見直す最良の機会としている。

注

記録の検索・保管・共有のために 2008 年から大学内のメーリングリストサービスを利用し始めた。しかし、登録管理方法が煩雑で動作が不安定だったことから、ほどなく民間のフリーメール・サービスを使うようになった。そこで交わされる話題も多岐にわたるようになったこともあり、コメント機能やリンク機能に優れた Facebook へと 2012 年から移行した。Web サービスの進化と積極的な活用は、プロジェクトの活動をより充実させる要因となってきた。

ここがポイント

学びの振り返り（Reflection）は、世界的に認知される経験型学習の必須要件。体験はインパクトある学びが得られる一方、一過性が強い。振り返り、内省化することで初めて学びは血となり肉となる。

九州産業大学

取組の経緯

功を奏した屁っ放り腰

現在は、学生たちがやってみたいことに挑戦するというPBLを中心に置いた演習の方向性を打ち出しているが、事業開発コースの基幹科目である事業開発演習は、当初は講座型スタイルをとっていた。なお、事業開発コースは浦野倫平教授を中心に構想され、2001年より始まっている。

私が九州産業大学に着任したのは2001年度であり、当初はコースに関わることはなかったが、教員が足りないということで、2007年度より参加した。当時の私は自分の専門を経営組織論と定めており、起業家育成は門外漢であると位置付けていた。当然、指導に自信があるはずもなく、コースの担当教員としての参加条件として、科目を一緒に担当していただいてサポート的な立場としてなら、ということで受けることにした。

典型的な責任転嫁のマインドによる申し出だったが、結果的にこれがよかった。事業開発コースに精神的余裕をもって関わることができ、他の教員とも経験共有が担保された形で演習の改善をすすめられた。私はこの共同担当スタイルを他の演習科目でも取り入れており、それぞれの科目において演習内容の改善と充実に大いに役立っている。

投げ出して気づかされる

当時の演習は、起業家マインドを育てるという目的のもと、その基礎を作るために、『7つの習慣』のような成功哲学に関する文献を読ませたり、経営分析に必要な統計学の基礎的知識を強化するようなことにトライしていた。そこにあった目論見は、起業家や経営者になりたい学生を囲い込み、関連する知識を集中的に与えていけば、起業家精神を持った学生を生み出せる、というものであった。

しかし、目論見は崩される。履修人数は10名にも満たなかった。さらに、当時の事業開発演習を履修していた学生たちは「起業家」や「経営者」として成功した結果（リッチになること、名誉を得ること）には強い関心を持ち続け

2章 大学における専門人材

注 スティーブン・R・コヴィーが著したベストセラー。キングベアー出版から2013年に完訳版が出版されている。専門書では学生たちの興味を引けないと考えたのも大きい。

ていたが、プロセスについては急速に関心を失っていった。文献を読むことや基礎学力をつけるための演習に対して、回を重ねるごとにモチベーションが落ちていくのが感じられた。「そんなことじゃ、絶対に成功はつかめないぞ」。彼らの態度を変えようと、発破をかけても彼らが演習に身を入れることはなかった。

　演習を半年も進め、秋も深まったころだっただろうか。彼らのくすぶったままの態度の前に、**教員の方が折れた。**「私たちのやり方が信じられないなら、好きにやってみたら？」と半ばヤケになって授業のリードを投げ出したのだ。このときの教員の目論見としては「どうせ失敗する。そこでこれまでのやり方が良かったとその意味をわかってくれるだろう。」というぐらいのものであった。

　これは半分当たって、半分外れた。彼らは大学周りのお店を紹介するポケットサイズのフリーペーパーを考案した。実際に周辺の店舗を巡って協賛を求めたがうまくいかず、結局、発行できなかった。教員の目論見どおり失敗したのである。しかし、彼らは文献を読んだり演習問題を解いたりするときには見せたことのない表情で活動に打ち込んだ。何も指示しなくとも自ら考え動くようになった。彼らの口から「授業が楽しい」という言葉も聞くようになった。教員の目論見は外れ、今までのやり方が間違えていたと我々が学ばされた。彼らの表情や態度の変化を見ていると、これまでのやり方よりも、彼らの今の姿のほうがよいと認めざると得なかった。ここから事業開発コースは、学生が自らテーマを選んで展開するPBLスタイルを探求していくことになる。

変わっていった教員の役割

　プロジェクト活動に軸足を移し、学生に活動を委ねて、全ての問題が解決したわけではない。むしろ、直面することのなかった多くの問題に直面した。今の事業開発演習の

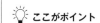

ここがポイント

　学生気質は大学の大衆化に伴い、大きく変化した。教職員と学生の関係性も同様だ。学修意欲の喚起には、学生を観察する眼力が問われる。ヤケ気味とは言うが、間間先生は見切っていたはずだ。期待外れの展開を。

仕組みの一つひとつに、教員による数多の失敗がある。例えば、「大学に有名チェーン店などを誘致するというプロジェクトに取り組みたい」というのでさせてみたとき、彼らは話し合いの結果を報告といって教員のところに何度も相談にくるものの、半年たっても署名活動や大学本部への問い合わせなど、具体的なアクションになかなか踏み出さない。実は誘致は学生たちがしたいことではなく、自分たちの代わりに誰かに「やってほしい」ことであるのに気付くのにしばらくかかった。今ではこのような失敗事例を念頭に、プロジェクトの立ち上げの段階では教員が徹底的に話を聞く機会を設け、学生たちの真意とアイディアのストーリーを徹底的に掘りさげるようになった。

　事業開発コースの強みの一つは、教員でさえ多くの失敗を重ねながらでないと効果的な仕組みを探り当てられないことを体験的に知っていることにあるといえる。どの教員、どの学生からでも、良さそうなアイデアが出れば、まずは試す。上手くいかなければ見直し、効果が見込めないと判断したらすぐに取りやめる。プロジェクトのリーダーを集めたリーダー会議など、演習開始前の休み時間にしていたが、演習開始時間を気にしながら進めなければならず、プレゼンなどが重なっていたらリーダーも集中できないという理由で、いったん、効果が薄いと取りやめたがもっと各プロジェクト間の交流を積極的に測り、相互に協力する関係でありたいという声が大きくなり、数年後に改めて演習後に開くということで復活したものもある。

時間も、支援者もほしい

　ここでは、代表的な仕組みの成立の経緯を紹介したい。
　まず、プロジェクト活動が一定の成果を出すには時間がかかることが次第にわかってきた。経験不足からくるものであり、それを効率的に埋めるのが経営学の専門知識のはずである。しかし、先に知識を与えようとするとほとんど

の学生たちのやる気は上がらず、無理に詰め込んでも知識の定着が進まない(応用できない)。大学祭などの「定番」プロジェクトなどについてはさまざまな事例資料が積み上がってきたので、過去の事例集やマニュアルなどを作ったが製作労力の割に効果は上がらない。ここでも**順番が教員の想定とは逆**で、散々な体験した後に、マニュアルを読ませたり過去の事例の資料を読ませてはじめて「そういうことか」「なぜこれを先に読まなかったのだろう」との声が出てくる。知識を先に入れて上手くいかないならば、知識の意味がわかるまで何度も体験させるしかない。そのためには、3年生から始めたのでは経験が知識として定着しにくい。2年生から始めればと2年生の科目を作ったが、それでも遅い。今では1年前期すなわち入学直後から事業開発演習が始まることになった。

次に、一定の成果を出すプロジェクトには、当該学生以外の支援者が必要だということがわかってきた。当初は教員が責任を持ってアドバイスすべきだと考えていたが、学生の持ち込む様々なテーマを前に**専門外のことは教員自身は素人であることに、否応なしに気付かされる。**学生たちが「大学ブランドの缶コーヒーを作りたい」といえば、缶コーヒーのメーカーに問い合わせないと始まらない。「大学に新しい施設がほしい」といわれれば、大学の関係部署に問い合わせて話を聞いてもらうしかない。いずれも、実現可能性に関する話は聞かせてくれたものの、先方の担当者が学生たちを応援したいと手を差し伸ばしてくれることはなかった。断る理由や不完全な点はいくらでも見出せる。つまり、先方が学生たちの至らなさを大きな気持ちでも受け入れ、応援してあげたいと思ってもらえなければ学生のやってみたいほとんどのプロジェクトは始まっていかないのである。

支援者を増やすために、まずは存在感を高めようと一年を通じて、次から次へとプロジェクトが実施されるように

ここがポイント

教育は経験である。ベテラン教員が見せる巧みな指導は、豊かな経験に裏打ちされている。その一方で教員は時に、経験という貴重な引き出しによって盲目となることを自覚すべきだ。とりわけ未知の取組では、過去の経験則と決別し、学生の態度や所作に注視しながら工夫を重ねたい。

ここがポイント

教員は一種のオタクである。証左として交友関係を洗い出してほしい。出てくる出てくる研究オタクたちが。類は友を呼ぶというわけ。自らの強みと弱みをしっかり自覚することから、すべては始まる。

実施時期をずらした。次に、部外者よりも職員のほうが支援者になってもらいやすいだろうと、職員にアピールできる機会は徹底的に利用し、職員との共同プロジェクトとなりそうな機会を積極的に学生たちに提示した。もちろん学生たちが「それこそ、やってみたいことだ」とコミットすることが必須であるけれども。また、事業開発コースのOBたちは自らコースの良さを経験しわかっているので支援者になりやすい。ただし、現実問題として社会人になりたてのOBにプロジェクトに協力してもらうのは難しい。そこで、OBの手前の段階である、**現役の上級生が下級生を支援するという仕組み**を入れる。さらに上級生の支援の力量を引き上げるために定期的にコーチング研修を受けさせるという制度を組み入れ、支援効果を高めるようにしている。一方で、なかなか学外の支援者を増やす仕組みづくりは難しく、私が個人的に学内外での社会人が参加する勉強会やイベント、SNSなどを通じてネットワークを構築するに留まっている。

注 オープンキャンパスなどは格好の機会となった

ここがポイント いわゆるピア・エデュケーション（学生同士の学び合い）は、究極の主体的な学びかもしれない。両者では圧倒的に上級生が学ぶ。人は教えることで、頭は整理されより多くのものを学ぶのだ。

注 学外のイベントで偶然出会ったコーチ・コントリビューション社社長市丸氏と意気投合し、提携した。導入後、学生の目的意識が高まり、プロジェクト活動がより円滑に進むようになってきた。

取組の課題

　事業開発演習の履修者は毎年100名前後の状態がここ数年続く。いかに履修希望者を増やし、人数に応じた学生の受け入れ態勢をつくっていけばよいかには常に頭を悩ませている。また、他の専門科目との連結も優先度の高い課題であると認識している。学生たちは大学で多くの科目を履修しているが、そこでの経験や知識が事業開発演習において活かされていない。他の科目との連結を探ることで学生たちの学びはさらに高まるのではないだろうか。

ホントはどうなの!? 執筆者のホンネ

　学生たちのプロジェクトは、混乱とリスクと失敗に溢れている。しかし、試行錯誤のなかにこそ学びがあるので、教員はほとんどの場面で黙ってひたすら我慢となる。ストレスをうまく逃せないタイプの人には向かないやり方であると思う。さらに、演習時間外の活動機会もかなりあるため、拘束時間は長めとなる。私としても、この授業以外の仕事とのバランスをとりたいし、家庭も大事にしたいし、年齢的・体力的に無理をするつもりもない。それらに蓋をしても逆に長くは続かないだろう。自分のためにも、教員も学生もお互いの事情をフランクに出し合い、気持ち良く活動を続けることを忘れないようにしたい。

九州産業大学

ここが着目点！
編集代表による解説

　読者の皆さん、筆者である聞間先生の泣き顔、笑い顔がくっきりと瞼に浮かび上がったのでは？　中でも同じ立場の先生方には、たたみかけるような教育上の創意工夫や実現に向けた情熱と優しさに心打たれたのでは？　私も、その一人です。

　大学進学率が5割となった今日、中堅大学にとって学生の学修意欲の低下は、大学の存在意義を問われるほどの危機的課題。高等教育改革喧しい昨今、数ある研修会のいずれかに参加された教職員の方々も読者には多数おられましょう。参加して秀逸な取組事例を目の当たりに、「すごい、素晴らしい、帰ったら我が校でもぜひトライしてみよう！」。高揚した気持ちを胸に……しかし、現実は厳しい。問題解決型プロジェクトをやっと立ち上げたものの、集まる学生は一握り（聞間先生の初期段階でもあったようですね）。それでも意を強くして学生に「さぁ、現実課題に取り組もう、諸君」と呼びかけてはみたものの反応は、「……先生、やたら元気っすね」。会社や地域を回り、学内の会議に諮り奔走したあの苦労は何だったのか、思わず天を仰いでしまったご経験の主、結構おられるのでは。

　本編は「恥を世に晒す」としてなかなか陽の目を浴びない学修意欲低下の課題に正面から取り組む貴重な教育上のエッセンスがてんこ盛りです。核心部は、「彼らのくすぶったままの態度の前に、教員の方が折れた」。聞間先生はこれを教員のダイバーシティと呼びます。思うようにならぬ学生にも諦めず温かい目線を送り続ける中で、教職員に見守られる経験の乏しい学生だからこそ、学びのスイッチが入るのです。教育の原点に立ち返った気持ちで、今一度本編をお読みください。

開発B型(対 学生)：教員系

福岡工業大学

【大学概要】
(平成27年5月1日現在)

住所：〒811-0295　福岡県福岡市東区和白東3-30-1

学部：3学部（工学・情報工学・社会環境学）

教職員数：307名

〔専任教員 144名、専任事務職員 80名、嘱託・契約職員・派遣職員（常勤） 83名〕

学生数：4,287名

学校種：理系大学

お 悩 み チ ェ ッ ク

組織への悩み	小規模大学で手が回らない	○
	縦割り組織で困っている	○
	学部や研究科の中枢ほど産学連携を軽視する	△
	中核的組織センターがない、機能していない	○
教育への悩み	魅力ある取組を開発してみたい	◎
	複合的な取組を検討したい	○
	教育に対する評価を導入したい	○
マンパワーへの悩み	やる気のある教職員が孤立気味だ	◎
	職員の協力がなかなか得られない	○
学生への悩み	学修意欲が低く手を焼いている	◎

取組の概要

ここがポイント

いわゆる導入教育の重要性は、高等教育の大衆化に伴い増すばかり。理系学部では高校までの授業と大学の講義の違いを意識付けするのに腐心する。この大学では全学で推し進めている。

社会環境学部では、前期必修科目「キャリア形成Ⅰ」、必修科目「コミュニケーション基礎」は2年前期必修。

1年生にアルバイトでは見えないものを見せる

平成25年度から**1年次対象**の短期就業体験の取組を始めた。課外だが、カリキュラムとの連関を図って運営される。短期就業体験は、「働く」意識や自覚を高め、将来や今後の大学生活への具体的なイメージを持ち、社会人としての基本的な振る舞いや考え方を学ぶことを目的とする。

学生は2～3人でグループを組み、企業に出向いて3日間程度の就業体験を行う。アルバイトでは見られない仕事の側面を、先輩社会人に指導やアドバイスを受けつつ企業の業務を行う。

本学では、就業力育成プログラムの初年次の科目として、前期必修科目「キャリア形成」、後期必修科目「コミュニケーション基礎」が位置付けられ、早期からのキャリア教育が推進される。前期修了後に参加できるのが、短期就業体験であり、学内での学びを学外に出て、リアルな社会を体験できる。

さらに夏休みも、鍛え続ける

アドバンスト・プログラムと呼ばれる夏季休業中のキャリア教育プログラムの1つとして、①事前指導、②学生交流、③短期就業体験、④事後指導で構成され、全参加を条件とする。

40名程度が参加できるが、メンバーに選ばれなければならない。6月中旬頃の説明会で、エントリーシートが配布される。学生は、参加動機を書きエントリーする。毎年、エントリーシート、授業の参加態度等を考慮し選考される。その後、決定者ガイダンス、学生交流のための準備（自大学の紹介プレゼンテーション）、短期就業体験のためのマナー指導、企業研究、目標設定等を夏季休業中に行う。9月に入ると2泊3日の学生交流（4大学の合宿）に参加し、地域や分野の違う学生同士が、ディスカッションやプレゼンテーションを通じ、主体的な学びについて考える機会を持つ。就業体験中も、企業の方とのディスカッションやプレゼンテーションがプログラムとして用意され、学生は考

えを発表する場を乗り越える。修了後には、レポートと企業担当者を招き、全１年制の前での報告会が待ち受けている仕組みだ。

１年生を送り出す５つのポイント

　１年生の就業体験は、２、３年生のインターンシップの指導に比べ、教職員にも時間と労力がかかることが多い。意欲が高くとも、まだ１年生。ビジネスマナーもメールもままならない学生をインターンシップに送り出すには、５つのポイントがある。

　１つ目は、**実習先は大学が独自に開拓**したものであること。多くは地元中堅企業で、就職実績があるとは限らないが、いずれも粘り強く訪問し趣旨を理解してもらい連携に至っている。

　２つ目は、到達目標を１年生の仕事理解に絞っていること。専門性は問わず仕事理解のみに絞り込むことで、学生、企業、大学間で共有しやすく、かつマッチングも容易となる。

　３つ目は、人事や総務の担当者に直接狙いを説明していること。大学側から標準モデルプログラムを提示しつつ、担当の方とカリキュラムについて相談している。業務内容のほかに社員とのディスカッションを組み入れてもらうなど、見学や作業で終わらないのが標準モデル。大学が主体的に動くことが重要だ。

　４つ目は、教職協働による運営していること。企業との連絡や調整は事務局、事前事後指導は教員が担当する、「餅は餅屋」体制をとる。さらに企業とのやりとりの経緯や学生指導は文字通り教職協働で、全体を把握する。

　５つ目は、必ず学生をグループで行かせること。不安を和らげ、互いの不足を補いあえる。グループで責任を持たせることで「足を引っ張らないように」という意識を持たせる狙いもある。教員からも、グループ単位で把握でき指導しやすくなる。

 ここがポイント

世に仲介組織は官民通じて多く存在する。それらと協力し推進するのも有力な方策だが、理想はやはり独自開拓だ。いかんせん、多大な労力を伴う。だから携わる教職員の意識も変わる。「あれだけ汗水流して開発した企業」だからこそ、愛着も情熱も湧くというもの。その思いは間違いなく、連携相手に伝わる。

福岡工業大学

取組の経緯

早期からのキャリア教育を

　本学のキャリア教育の端緒は、平成22年度文部科学省の就業力育成支援事業の採択を受けたことにあり、それを契機にカリキュラムが整備された。

　以前は、キャリア教育としての体系化がなされておらず、キャリアに関する授業の実施やインターンシップの単位化はなされていたものの、就職指導という側面が強かった。そんな中、筆者はキャリア教育、コミュニケーション教育を強化していくというプロジェクトのために2011年に採用され、現在もキャリア教育の推進にあたっている。

　着任当時は、就職活動の面接の際に受け答えができない学生や、学科によっては就職せず無業者のまま卒業する学生が多いことが課題として挙げられていた。最終面接まで行ったとしても自分の言葉で表現できない、話ができない学生の事例が多いということを聴くにつれ、たとえ短くとも自分の考えを自分の言葉で述べられるようになることが重要であると痛感した。このような力は頭で理解し身につくものではない。学生のコミュニケーション能力の強化と共に、キャリアを見据えて**行動できる能力**を育成するために、早期からの教育が必要であると強く感じた。

GPを使って学内を説得、認知へ

　現在は、1年次前期から全学必修でキャリア教育を行っているが、初めから皆が諸手を挙げて賛成ではなかった。

　当時、学科の先生方に意向を聞いて回ったところ、1年次に行うべき基礎的な学習に対する考え方は学科によって様々であったが、理系だからこそ、基礎固め（例えば、数学や物理など）とその積み上げが重要であること、その後の専門的な学習に大きく影響するという共通の基本的な考えに立っていることを知った。1年次の授業時間は大切だ。キャリア教育に使うべきかどうか、2単位の重みを考えさせられる思いだった。

　そのような中、教務部長を中心とした当時のワーキング

2章　大学における専門人材

ここがポイント

　「行動できる能力」。この言葉は重い。いったい産学連携教育ではどのような能力が育まれるのか。地球規模で認知されているのが「自律的能力」だ。自分で考え、判断し、行動する。一方通行になりがちな教室ではなかなか教え難い能力、それがインターンシップで育まれるというのが欧米で一致した見解だ。

グループ内で、「早期のキャリア教育」が喫緊の課題として話し合われた。入学したての学生は、その実像は高校生が制服を脱いだばかりの状態。まだ生徒のような学生たちに高校までとは違う意識付けこそが重要と結論付け、テストで点が取れる学習ばかりでなく、汎用的な能力を高めていけるよう方向付けが検討された。

　初年次にアクティブ・ラーニングを多く取り入れたキャリア科目を必修科目として位置付けていくためには、全学的なカリキュラム改訂が必要であった。いざ全学科のカリキュラムを整備するとなると、現在行われている初年次ゼミの科目や、基礎科目でどのようなことが行われているのかという調査が必要であり、意見を丁寧に吸い上げていった。しかし、先にも述べたとおり、カリキュラムはまさに学科の実現したい教育像が詰まったものである。その中でいかに単位数を確保するかが課題であった。そのような中、学長から教務委員会に対し、カリキュラム改訂についての依頼文書が出され全学的に検討することとなった。その方針としては、①1、2年次にキャリア形成の基礎固めを行う科目を配当すること、②コミュニケーション関連科目を強化すること、③就業力育成に関する科目に対して、体系化すること、④現行のカリキュラムの基本的な枠組みを維持し、変更を最小限に留めることである。①～③に関しては、検討を繰り返し、就業力育成プログラムの骨子となるべき考え方であった。そして、④について打ち出したことも重要であったように感じる。④を打ち出したことによって、専門科目における体系は維持することが共有された。学科の考えも十分に考慮していることを理解してもらうことができた。現行の科目において重なりがあるものを整理し、基本的な枠組みは維持できるようにカリキュラムを整備した。「キャリア形成」は1年次の前期に全学必修科目としたが、それ以降の就業力育成科目については、学科の意見を考慮し、年次配当には幅を持たせた。学生にどのよ

うなタイミングで学ばせたいのか、学科が持つ授業との関係を考慮するようにしたことで、むしろ全学をあげてキャリア教育を体系化することができたと感じている。

その結果、平成24年度には、カリキュラムを整備し、「就業力育成プログラム」としてコア科目を位置付けながら、大学4年間の全単位を通してキャリア教育を行っていくことにこぎつけた。1年次の全学必修科目として、前期に「キャリア形成」（社会環境学部は「キャリア形成Ⅰ」）、後期に「コミュニケーション基礎」（社会環境学部は2年前期）を位置付け、自分のキャリアを志向する力やコミュニケーション能力の育成の基礎とした。さらに、2、3年次には「技術者倫理」や「就業実習」が控えており、学年進行とともに就業力を育成できるようにした。

さらに、短期就業体験を含むアドバンスト・プログラムは、平成25年度から1年次夏季休業中に行う課外活動として行っている。

アドバンスト・プログラム

事前指導	学生交流（合宿）	短期就業体験	事後指導
・マナー研修 ・目標設定 ・企業研究	4大学の学生が集まり、演習・交流（2泊3日）	2～3名がチームになり就業体験（3日間）	・振り返り ・報告会（企業の方の前でプレゼンテーション）

教育を意識させるために教員主導で

本学で「短期就業体験」と呼ぶものは、インターンシップである。インターンシップは、学生からどのように見えているのか。最近でこそ内容をきちんと理解している学生も多くなったが、未だ就職活動までにやっておいた方がいい課外活動というイメージの学生も少なくない。企業の中をただ見てみたいという学生は、正直言って少なからずいる。

このため、本学では学生から見た時に、教育の一環であるということが明確になるように常に心がけている。具体

的には、課外活動という位置付けでありながらも、必修科目である「キャリア形成」、「コミュニケーション基礎」との連関を図り、学生の学びを連続的なものとして体系付けた。前期の授業の続きとして取組を設計することによって、学んでいることを学外に出てさらに学びを深められることが、学生に理解しやすくなっている。

さらに、インターンシップの手続きなども含めて、授業担当教員が主導して行っている。インターンシップは、履歴書や書類の作成など手続きも多い。もちろん教員だけで行っているわけではなく基本は教職協働体制だが、授業担当の教員が取組に参加するための説明会、参加学生の選考、ガイダンスを始めとした事前指導、事後指導を主導して行うことで、学生から見た時に、前期の授業から引き続いて**教育として行われていることを感じさせる**ことができるのだ。

また、短期就業体験を含むアドバンスト・プログラムの報告会には、後期の「コミュニケーション基礎」（社会環境学部は「日本語表現Ⅱ」）の授業の一環として、1年生全員に参加させている。発表する学生にとってみれば、お世話になった企業の方や全同級生（1年生は1,000名程度）の前で発表するという大舞台である。ホールのステージ上で緊張感をもって自分の学びを振り返り、自分の言葉で説明させている。

このような機会は、企業関係者や教員、同級生から多くのフィードバックを受け、大きな達成感や自信をつけることができる場だ。さらに発表を見守る学生にとっても、同級生の晴れ姿を目にすることで、インターンシップを通じて何を学ぶのか、学べるのかを共有する機会となっている。

インターンシップの教育効果は、参加学生はもちろんのこと、周辺の学生たちにも波及する。授業と連動させているのも、報告会も、他の学生へ影響力を持たせるために他ならない。

たとえ、今はインターンシップについて関心が薄くても、

ここがポイント

学生の肌感覚を甘く見てはいけない。教員が本気か否か、見極める学生は驚くほど多い。卒業時、4年間を振り返り「キャリアセンターの○○さん（職員）に一番お世話になりました」と感想を口にする学生は、教職協働の実像を見抜いているのかも。教員主導は教育の大原則と心得たい。

授業の中で短期就業体験について説明することによって、学生全員にインターンシップについて説明する機会を持つことができる。どのようなタイミングで関心を持つかは、人によって違う。それでも、キャリアの授業の中で、インターンシップで何を学ぶことができるのかを説明していくことによって、今後どこかのタイミングで関心をもってくれたらと思う。話を聴いただけでは関心を持たなかった学生も、インターンシップを体験した同級生の変化を見たらどうだろう。関心を持たずにはいられないはずである。

　実際に「短期就業体験」に参加した学生は、社会人のレベルを知ることによって、自分の未熟さや不足したスキルについての気づきを得てきている。そしてスキルの不足を補おうと、自主的に行動するようになっていく。机上の学習に留まらず、自分から動くことによって学ぶことができることも体験的に知っているため、学生の動きが変わっていく。他の学生にしてみれば、"自分と同じ"だったはずなのに、顔色が違う、動きが違う、ましてや報告会で多くの人の前で堂々と発表する姿を見ると、少しの焦りとうらやましさと、自分も参加すればよかったと素直に感じるようである。同級生と自分とを重ね合わせ、自分の成長した姿に思いを馳せるようになると、次の取組へと関心が広がり、新たな舞台へつなげていくことができると思っている。

　私は、大学生にとってのスイッチは、友人の変化ではないかと思う。友人の変化を目の前に突きつけられると、はたとこのままではいけないと感じるようである。友人ができたのであれば自分もできると思ったり、負けてはいられないと思ったり、感じ方は様々であるが、成長したいという気持ちはよく伝わってくるものがある。お互いが成長できる、そしてその成長を見せ合える仕組みを作り、お互いが鏡となって、成長していけるよう私はこれからも学生の舞台を作っていきたい。

取組の課題

　1年生約1,000名のうち、参加学生数は40名程度でいいのか。現在は、学生交流を含めたプログラムのため、増員は難しいのが現状だが、もっと多くの学生に機会を与えたいと考えている。そして、この取組に参加後、次につながる取組が少ないことも課題である。主体的に動こうとしている学生に、一過性のもので終わらせず、学内、さらには地域を盛り上げていけるような活動ができたら、より学生の力を引き出せるものになるのではないかと考えている。

ホントはどうなの!? 執筆者のホンネ

　学生の顔つきが変わる瞬間がある。スイッチが入ったか、決断し行動する自身に腑に落ちる感覚を持ったか。それを目にしたときの嬉しさは格別。教員って、ホントに素敵な仕事だと思う。
　スイッチは、必ずしもインターンシップでなくてもいいと思っている。学生にも関心に幅があるし、人間的な成長度も違う。でも、実社会に飛び出して出会ったことのない多様な人々と出会えるチャンスに満ちたインターンシップは、やはり学生の本気を引き出す格好の場だ。日々、学生と話をしながら、その心に火種をつけていく地道な努力が、私たち教員には大切なのだろうとしみじみ感じる。

福岡工業大学

ここが着目点！
編集代表による解説

　卒業要件単位数も多く、必修のカリキュラムに実験など動かし難い科目が鎮座する多くの理系大学では、時代の要請を受けて専門教育を改訂するのは容易ではありません。それでも文系の研究科や学部に比べて産学連携教育が一歩前に進んでいると言われるのはなぜでしょう。

　工場実習や共同研究などを通じて、教職員が産業界と古くからお付き合いしてきたことに主な要因があります。特に工学系の先生は、学生を企業に送り込んだ際に見せるスイッチ現象をよくご存じ。

　「嘘だろぉ、ろくに挨拶もできなかったあいつが……」

　工場実習から戻って来た、大人び落ち着いた教え子の変貌ぶりに絶句した経験の主、工学系には多々おられるはず。筆者もまた、そのスイッチ現象を目の当たりにしたようです。

　教育効果は十二分に理解している。しかし重いカリキュラムはなかなか動かせず。理系の多くの大学が共通して抱える悩みの種に、本編では明解なひとつの答えを示しています。

　錦の御旗。すなわちGP（国の支援事業）を後ろ盾に改革を推し進める手法です。筆者は、理系大学固有のものの考え方や風土に若干戸惑いつつ、ソフトな物腰で学内にキャリア教育を意識づけしていきます。

　「コミュニケーションに苦手を感じる学生が本学にはいます。地頭は良いのに能力をアピールできず無業者で卒業するなんて、もったいないと思いません？」

　押したり曳いたりの末、GP予算を使ってなんと1年生前期から必修科目に加えて「アドバンスト・プログラム」を据えてしまうのです。夏休みの短期就業体験プログラムまで添えて。

　いやはや、恐れ入りました。教職協働を基本としながら、教員主導で突き進む理系大学のひな形がここにあります。

2章　大学における専門人材

開発B型(対 学生)：教員系

新潟大学 農学部

【大学概要】

(平成27年5月1日現在、( )内数字は農学部内数)

住所：〒950-2181 新潟県新潟市西区五十嵐2の町8050

学部：9学部

(人文学部、教育学部、法学部、経済学部、理学部、医学部、歯学部、工学部、農学部)

教員数：1,209 (68) 名

〔事務系・技術系・医療系職員1,341 (13) 名〕

学生数 (学部)：10,317 (709) 名

学校種：国立大学

お 悩 み チ ェ ッ ク

立地等への悩み	地域トップ校の重圧がある	◎
組織への悩み	総合大学で認識の共有が大変	○
	縦割り組織で困っている	◎
	学部や研究科の中枢ほど産学連携を軽視する	△
教育への悩み	魅力ある取組を開発してみたい	○
	複合的な取組を検討したい	◎
マンパワーへの悩み	やる気のある教職員が孤立気味だ	◎
	職員の協力がなかなか得られない	△

新潟大学 農学部

取組の概要

農力を養いたい

　新潟大学農学部では「インターンシップを軸とした農力開発プログラム」に取り組んでいる。農力とは、積極的に地域や国際社会に貢献しようとする誠実さに裏打ちされた農学分野における課題解決能力である。

　誠実さは、農学の意義や魅力を語れること、農学の可能性と限界を理解していること、そして仕事に対する使命感をもつことである。課題解決能力は、基礎的な研究成果や専門的な技術を身につけ、新しい知識や技術を学習し続け、そして課題を想像的に発見し、創造的に取り組めること。農力は基礎的な知識、思考力と技術的な応用力が一体の実践的課題探求能力でもある。地域社会へ貢献しようとする意識は、「知識・技術は現場でどう役立つか」、「課題解決にはどんな知識・技術を習得すればよいか」という、使命感や問題意識から芽生えてくる。

短期、中長期インターンシップを組み合わせる

　農力を涵養するため、初年次から卒業までの各学年に配置された「専門科目」の学修と連動して、一連のサテライト学修Ⅰ～Ⅳ（地域サテライト実習、基礎農力、各学科・コースインターンシップ及び応用農力）5単位を展開している。

　①サテライト学修Ⅰ「見る・知る」＝地域交流サテライト実習　1単位

　初年次の夏期休業期間を含む第1期に実施し、新潟県の様々な農林業生産現場、食品工場、研究所等を見学・体験して、事業や組織活動の現状を理解するとともに、地域における農学の必要性と使命の認識が目的である。現場を「見て知る」ことから問題意識を掘り起し、農学の学習、研究への動機付けを行う。提示された多様なプログラムから、3つ以上の実習プログラムを選択する3daysインターンシップである。

　②サテライト学修Ⅱ「観る・考える」＝基礎農力　1単位

　2年次夏期休業中の集中講義で、2日間全8コマ、8名

新潟大学 農学部

の実務者による授業である。多様な農学関係の団体・企業等の事業・組織活動の紹介、及び組織構成員の経営・業務の実践活動と課題等への対応、すなわち成功、失敗事例の紹介を受け、意見交換等を図り問題意識を醸成し、将来の職業と業務内容への適応を「観て考える」On Campus インターンシップである。主に**学部 OB・OG を招聘**、ロールモデルとし、学生が将来をより現実的に考えることを可能にしている。

　③サテライト学修Ⅲ「視る・働く」＝各学科・コースインターンシップ　2単位

　3学次夏期休業中に2週間程度、現場研修で自ら「視て働く」。2パターンあり、1つは「就業体験型インターンシップ」で、もう1つは「課題解決型(PBL型)インターンシップ」である。

　PBL型インターンシップは、受入先から提示された課題に対して複数人（2～4人程度）で取り組み受入先に提案まで行う。通常の就業体験に加え、課題へトライアルするという意識で議論を重ね問題解決力を養うことを目標とする。大学で学ぶ専門知識が現場でどのように使われているかを理解し、「働きながら視る」就業体験を通じて職業観、勤労観を身に付け、将来の就職・キャリアパスを考える。

　④サテライト学修Ⅳ「診る・挑む」＝応用農力　1単位

　4年次第2学期に2日間全8コマの集中講義として開講し、高い視点からの課題解決とともに、自らの将来の行動方向の明確化に「診て挑む」、On Campus PBL型インターンシップである。

　実務者による授業として、**業界や企業のトップクラスの方から広い視点での業界・業種の動向や今後の変化等を指導**してもらい、課題を見つけ出し解決策の企画に挑戦することで、社会で求められる課題探求・問題解決能力のさらなる向上を図る。

ここがポイント

　世に言う卒業生プログラムは有効な教育手法だ。一橋大学と如水会などが知られるが、ここでは熊本学園大学経済学部の事例を紹介する。学部設立40周年に一期生を40期生の学生チームが訪問、取材し報告書にまとめた。定年間近い某地元有名アナウンサー（1期生）は学生の訪問を受け「自己の職業人生を振り返る感動のひと時を送った」と漏らす。もちろん彼が学生に熱く語りかけたのは言うまでもない。

ここがポイント

　卒業生プログラムの有効性を説いたが、注意点もある。卒業生を含め、社会人を招聘する場合は成功者が多い。自然と話は成功譚、すなわち自慢話になりがちだ。私の友人（社長）は調子づいて「学生時代に哲学書を100冊は読んだ！」とのたまった。嘘つけ、根っからの本嫌いで雀荘通いの4年間だったくせに。

2章　大学における専門人材

新潟大学 農学部

取組の経緯

地域中核大学として
人材輩出に重い責務

　農学は実学である。農学が取り組むべき課題は、私たちが安全・安心な生活を営むための基盤である食料の安定供給、食料・食品産業の発展、および水を育み国土を守る農地や森林などの生態系保全と広範に及んでいる。これら命を守る持続的な農業・食品産業の発展と、環境の保全は、地方の存在意義であり、取り組むべき課題である。このことから、地方に立地する大学農学部への期待が大きいと同時に、その真価が問われている。

　そこで、取組を実施するに当たっての背景、そして社会のニーズを次のようにとらえた。食の安全・安心の確保は、現在、国内だけでなく国際的にも焦眉の問題となっている。

　新潟市は、2007年に本州日本海側初の政令指定都市となった。新潟市は、市の産業生産額に占める農業生産と食品加工の合計額が最も大きく、市町村別の農業産出額が全国2位であり、食糧自給率60%以上を誇る「田園型政令指定都市」というこれまでにない政令市像を掲げている。そして、新潟県は農業立県として「安全・安心で豊かな食と緑の故郷づくり」をめざしている。さらに、日本海を挟み交流が活発な北東アジアを包括した環日本海地域では、経済成長と格差、人口増加などの社会・経済的ひずみが顕在化し、世界的な食料・環境問題の最前線となっている。

　このような時と地の背景のもと人の育成が、地元の大学農学部に期待されている。刻々と変化、発展、多様化する農林業・食品産業の現場の要請に迅速、かつ柔軟に対応しながら、将来を担う若者に明確な観点と方法で教育・学習の場を提供し、付加価値をつけて送り出すことへの期待感が自ずと高まっている。

　特に、**即戦力として地域密着型の課題に手腕を発揮できる人材の輩出**が求められている。これら人材は、時として相反する生産と環境保全を高次元で融合させる必要がある。そのため、これまで以上の自己啓発能力、あるいは誠実さを身につけていることも求められている。

ここがポイント

　即戦力＋地域密着型課題に手腕発揮。気が遠くなりそうな人材育成課題だが、活躍の場に応じて、幅広い専門知識＋自己啓発力、高度技術＋リーダー的能力、総合的な科学知識＋洞察力と能力別に整理した点が秀逸だ。

2章　大学における専門人材

50

このような社会的背景の下で、具体的には、農業生産・流通・販売等の団体、および企業では、幅広い専門知識と地域農業の情勢を的確に把握できる自己啓発能力をもった人材が、食料・食品、バイオ産業では進展する高度技術を習得し、地域におけるリーダー的能力を発揮できる人材が、そして自然環境保全、社会基盤整備をはかる公務員・コンサルタント・建設業では、総合的な科学知識と、自然観察に基づく地域社会への洞察力が求められている、と考えた。

学問分野中心教育から地域密着人材育成へ

　そこで、平成21年度に従来の学部、学科の専門教育を中心とした教育課程を「主専攻プログラム」として再整備し、主専攻ごとのプログラムシラバスとして、カリキュラムの方針を定めた。そのうえで、プログラムが養成する人材像を「知識・理解」、「当該分野固有の能力」、「汎用的能力」といった具体的能力で学生の「到達目標」を明示した。

　すなわち、これまでの「学問分野」中心の教育から「就業力」につながる「人材育成」の観点へ、学士課程教育を再構築し、全学的体制で推進し、従来の学部・学科の専門教育を中心とした教育課程を、「主専攻プログラム」として新たに取り組み始めたのである。

　この大学教育の根幹に関わる改革は、全学的な取組として展開されてきたが、決して平たんではなかった。しかし農学部では、ひとつの学科がJABEEによる技術者教育プログラムの認定を受けていたこともあり、すでにPDCAサイクルにもとづく教育改善に取り組んできている経験を活かすことができた。進化のプロセスで言えば前適応していたと言える。そして今、主専攻プログラムは「人材育成」目標のために構造的に組織された就業力育成プログラムとしても位置付けられている。

SMArt教育を実現する
シャトルカリキュラムでFA宣言

　学部の教育改善、プログラムをどう展開するかの思考（試行）の軌跡を振り返ってみたい。

　2005年、新潟大学農学部はFA宣言をした。「農学は『命』を考える学問です。地球上のどこかであなたを必要としている人たちがいます。今こそ、FA（Faculty of Agriculture）宣言、農学を学んでみませんか。」と自らの存在を発信、農学へいざなっているのである。

　そして、FA宣言にもとづき次の7つのアクションプランを定めた。

　①新潟大学の分野水準表示（開講全科目に付与する科目の分類並びに水準）とも連携した、いわゆる「教養教育と専門教育」の有機的な結合
　②問題意識を積極的に喚起するための入学時からの少人数教育の導入
　③時代の要請に合った3学科8専修コース制の導入
　④学生が主体的に選択できるカリキュラムの構築
　⑤フィールド科学教育研究センターによる専門教育の充実
　⑥インターンシップなど社会との接点を広げる授業科目の拡充
　⑦専門の資格取得への対応と技術者教育プログラム（JABEE）認証によるグローバル・スタンダードの採用

　これら7つのアクションを踏まえて各主専攻プログラムのきめ細かなカリキュラム編成が行われた。特に②問題意識を積極的に喚起する、④学生が主体的に選択できる、そして⑥インターンシップを通じて社会との接点を広げる授業科目の拡充、のアクションプランを実現させるための取組を検討した。

　取組を進めるにあたって、各学科、学部FDにおいて農学部の卒業生、在学生へのアンケートの結果を検討した。

アンケートによれば、専門科目の早期履修を希望しているが、低学年での専門内容を高度と感じており、また、実践的な教育方法に魅力を感じている。そこで、農力を修得するカリキュラムでは、実習・実験・演習を活きたものとして応用できるように教室と現場との往復を繰り返すことを基本とした。

さらに、初年次から専門科目を導入し、学年進行に応じて段階的に専門性を高めて、次第に高度な内容を取り入れていくこととした。そのため、各プログラムの学習・教育目標を達成するためのカリキュラムに加え、教室と現場を連結するための主専攻プログラムを横断した科目群を配置した「シャトルカリキュラム」を構築、実践した。

シャトルカリキュラムでは、①学年進行に応じた、地域の地力を活かした演習・実習科目の導入、②教室と現場との関係を濃密化、③社会に向けた農学分野におけるキャリア意識を段階的に醸成、そして④修得した知識・技術の現場でのトライアル、による現場体験に根ざした「農力」をもった社会人育成をめざした。シャトルカリキュラムにより、学生は現場の課題とそれを解決するために必要な知識と技術を体験、学習していける。

カリキュラム構築とともに、シャトルカリキュラムを核とした、Skill；技能と Motivation；動機付けを体系的に結びつけながら、段階的に Art；専門の手腕を修得する教育システムである「SMArt（スマート）な教育」の展開をめざした。

農学教育では、これまでも現場重視の考え方にもとづき実習・実験を充実させたカリキュラムは存在した。しかし、その大部分は技術の習得に重点がおかれていた。また、早い段階での動機付けは試みられているが、専門教育の高度化と並行した継続的動機付けは行われていない。それらに対し、SMArt 教育では、現場では技術習得だけではなく、使命感という教室で学ぶためのエネルギーを得ようとし、

シャトルカリキュラムでは、段階的に教室と現場との往復
を繰り返せるよう工夫された科目群を配置し、専門性の高
まりに応じた動機付けが可能になっている。

取組の課題

1学部がパイロット的に取り組んできた本プログラムの有効性の検証が求められている。重要なのはその教育効果で、履修学生の追跡調査が必要だ。一方、カリキュラム運営上の普遍性の検証も必要で、本取組を全学、学外へと展開しなければならない。

また、プログラムの維持、改善には、それを運営する教員、サポート職員の確保とその活動に対する関係教職員の理解が必要不可欠であり、FD・SDなどによる丁寧な啓蒙が欠かせない。

ホントはどうなの!? 執筆者のホンネ

　プロフェッショナル・スキルとジェネラル・スキル、これは学士過程プログラムにおいてどちらに重点をおくべきかという新しくも古い根源的な課題である。同時に、現在の様々な資源（予算・人員……）が限られる状況では、1教員としても考えさせられる課題であった。あなたの専門は、と問われてどう答えるのか。農学分野における専門はもちろんある。しかし、今取り組んでいるキャリア教育に関してはどうか。専門ではない、ということを言い訳にしていないだろうか。自問自答が多くなった。そんなとき文科省の研修で知った「ダブル・メジャー（もう一つの専門領域）」という考え方。ふっと肩の力が抜けた。

新潟大学 農学部

ここが着目点！
編集代表による解説

　正直に言います。本編の文章は面白みに欠けます。市販本の指南書なので、できることなら楽しく読んでためになる本を目指したい。できることならば。

　でも幾度か読み返しながら、筆者のような書き手が入っていても「いいねっ」と思うようになりました。立場を考えてみましょう。地方国立大学のひとつで、地元の中核大学。しかも日本有数の農業立県です。農学部に向けられる視線は熱く、厳しい。専任教員の、また学問体系確かな農学研究者の一人として、時代のうねりとは言えキャリア教育やインターンシップ（産学連携教育）には本音として違和感をお持ちでしょう。研究者としての矜持と周囲（地域）の期待。全国の数多くの正統派教員（何が正統派か、についてはあまり突っ込みを入れないように）が抱える共通の葛藤に違いありません。

　理系の教員らしく、また理系の学部らしく取組みの経緯は実に論理的です（文系は論理的じゃないのか、と怒らないように）。まず地域社会の今日的動向を分析し、課題を洗い出します。そこから中核大学に求められる人材像を考察し、能力別に整理。ここまで来てがっつりカリキュラム改革に着手するのです。そこからはFA宣言したりSMArt教育を目指したり、何から何までもが一貫性に満ちてません？　もしかしたら、これぞ高等教育改革の王道なのではないか。幾度も読み返しているうちに、ちょっと感慨を覚えてしまったのであります。

　文章は地味でも（ホント、許して！）、取組みのインターンシップは重量級です。短期・中長期がうまく組み合わされ、緻密な計算が垣間見えます。教員の偏差値、高いなぁ〜。褒めたりケチ付けたり支離滅裂な解説ですが、結論は「いいねっ」。

開発Ｂ型（対 学生）：教員系

湘北短期大学

【大学概要】

（平成27年5月1日現在）

住所：〒243-8501 神奈川県厚木市温水428

学部：4学科

（情報メディア学科、総合ビジネス学科、生活プロデュース学科、保育学科）

教職員数：75名

学生数：983名

学校種：短期大学

お 悩 み チ ェ ッ ク

組織への悩み	小規模大学で手が回らない	◎
	縦割り組織で困っている	○
	学部や研究科の中枢ほど産学連携を軽視する	◎
	中核的組織センターがない、機能していない	○
教育への悩み	魅力ある取組を開発してみたい	○
	複合的な取組を検討したい	○
	教育に対する評価を導入したい	△
マンパワーへの悩み	やる気のある教職員が孤立気味だ	◎
	民間企業に業務が丸投げされている	△
	職員に業務が押し付けられている	○
	職員の協力がなかなか得られない	○
学生への悩み	学修意欲が低く手を焼いている	◎
	しばしば派遣先で問題を起こす	◎
	大学の窓口を利用してくれない	○

希望する学生は、全員参加させる

　本学のインターンシップは、**学生本人が希望すれば全員参加させる**ことが最も大きな特徴とも言える。本当にインターンシップを必要とする学生に参加させ、その後に控えている就職活動に向けて一歩前へ踏み出させるためである。

　こうした方針は、2008年のリーマンショックが一つの転機となった。それまでは希望者全員参加とはいえ、モチベーションが高い学生が中心で、指導する教員も特に強く勧めていなかった。しかし、リーマンショック後に就職状況が厳しくなり、インターンシップセンターでも、「中の下の層の学生」（最も人数の多い層）の底上げが不可欠と判断し、方針転換を図った。インターンシップは本来この層の学生が参加すべきで、やる気ある成績上位層は放置しても成長する。

　幅広い層の学生を全てインターンシップに送る方針のもと、平成23年度の120人から平成27年度には371人が履修登録を済ませ、参加率は97.9%。現在、8人のインターンシップ担当教員とインターンシップセンターのオフィスコーディネーターが軸になり、全学体制でインターンシップを推進する。

最近5年間のインターンシップ参加学生数　（単位：人）

	H23	H24	H25	H26	H27
情報メディア学科	24	21	35	50	69
総合ビジネス学科	42	101	144	148	172
生活プロデュース学科	54	68	109	97	130
3学科合計	120	190	288	295	371

クラス担当を交換し教員にも緊張感

　事前学習授業「インターンシップリテラシー」は、正規授業科目として15回開講、学生のモチベーションを下げないことが指導のポイント。インターンシップに行きたくない学生のためといっても過言でなく、一定レベル以上の学生やモチベーションの高い学生には、基本を押さえるため

ここがポイント

短大では入学直後から事実上就活がスタートする。全国的に短大の取組は導入教育の色合いが強く、中・低層の学生を含めたものが多い。異なる学校種は大いに参考としたい。

でもある。

ワークブック式テキストを使用し、グループワークを多く取り入れて学生参加型授業を実施する。日常はほぼ交流のない異なる学科の学生を混在させ、グループワークも学科の異なる学生同士がディスカッションできるメンバー構成とする。さらに**教員も担当クラスを交換**しながら実施し、学生と教員の間にも良い緊張感が生じるよう、工夫を施す。

あらゆる業種・職種に対応できる基本的かつ重要な内容を学び、ビジネスコミュニケーション等、頭では理解しているが、実際に行為に移せないコンテンツを多く取り入れている。学生にとって、少し物足りないぐらいの内容にとどめて、もう少し深く知りたいという意識を持たせ、自ら学ぶ姿勢の醸成も図る。

学生に慕われるオフィスコーディネーター

本学でインターンシップを開始したのは1993年で、インターンシップセンターの設置は1998年である。インターンシップの学生指導に関しては、それまで教員主体で行われ、どうしても学科による方向性が異なり、実習先である企業や学生に対しても統一したやりとりが困難だった。そうした問題解決のために「オフィスコーディネーター」を任用し、状況改善に踏み切った。

オフィスコーディネーターは、インターンシップセンター事務全般、インターンシップ担当教員業務補助、学生からの相談対応、実習先である企業担当者との連絡及び交渉等を担当業務としている。学生にとっては、教員よりも明らかに相談しやすく、頻繁に訪れ、インターンシップに関する相談はもちろん、進路や友人関係等の悩みまで話していく学生も少なくない。こうした「何でも相談役」的な機能がインターンシップにも大きく貢献し、短大1年生がモチベーションを保ちつつ実習をやり終えることにつながっているケースが多い。

ここがポイント

教室の密室性は教育改革最大の障壁かもしれない。突き破るのは学生たちだ。担当クラスの交換は学生目線で比較評価されやすく教員にはキツイ仕組み。それだけに、有効な工夫と言えよう。

注

このオフィスコーディネーターは、かつて大手企業での営業事務経験のある女性で、結婚及び育児のために一時離職していたが、子育てが一段落したところで本学の採用募集に応募して任用された。オフィスコーディネーターとしての業務をこなす一方で自己研鑽に励み、「産業カウンセラー」と日本産業カウンセラー協会認定「キャリアコンサルタント」の2つの資格を取得している。

湘北短期大学

取組の経緯

学長の一言が強力な後押しに

「そんな学生を実習に出して大丈夫なのか？」

　本当にインターンシップを必要としている学生を1人でも多く参加させる。私はセンター長として、絶対の自信があったものの、学内での風当りは強かった。「大学のイメージアップのためにも質の良い学生のみを送り出すべき」「就職の面で採用状況が悪化したらどうする」といった意見を様々な場で受けた。その都度、「大学はイメージを大切にすることが第一ではない」「我々に課された教育とは何か、熟考すべき」とひたすら反論し、推し進めた。そうした時期、本学での理事会の席上で学長がこう発言してくれた。

「インターンシップ先で学生が何かしでかしたら、センター長がお詫びに行けばいいだけの話だ」

　失敗など恐れずにどんどんやれという私への強力な後押しであり、この言葉には幾度も助けられた。案の定、その後何度もお詫び事案は発生したものの、その度に企業の担当者との距離は縮まり、**結果として相互理解**につながった。

学生とぶつかり合い、分かり合う

　と言っても、初めから順調に進むはずもなく、実習期間途中でモチベーションが著しく低下して投げ出してしまった学生や、実習先決定に際して、自分の希望が通らなかったことに腹を立て、私の研究室に怒鳴り込んできた男子学生もいた。いずれも対応には苦心したが、結果として新たな進路を考える良いきっかけになったり、くだんの男子学生には怒鳴り返し、実習先の変更など一切しなかったが、今は卒業して立派に活躍している。彼との距離を近づける絶好の怒鳴り合いだったのかもしれない。また、教員と相互理解ができていない学生の多くがインターンシップセンターのオフィスコーディネーターに話を聞いてもらい、気持ちを落ち着けるという構図も徐々に出来上がっていった。

2章　大学における専門人材

ここがポイント

　企業へのお詫び事案は、スピードが生命線と心得よう。1分1秒でも早く直接担当者に会い、詫びる。これがすべての基本だ。

湘北短期大学

そのような変遷により、とにかく成績優秀者から、参加するという手は挙げたものの、本来のモチベーションが低い学生まで多数が参加するようになった。こうしてモチベーションが低い学生もインターンシップを境に見違えるほどに活気溢れる学生に変身し、就職活動に力を入れるケースが増えた。

やがて大学内の学生全体の底上げができていることが就職活動実績においても明確になり、学内でじわじわと理解が得られるようになった。一昨年度に行った就職内定状況に関する学内調査で、就職活動早期段階の内定状況は、インターンシップに参加しなかった学生が10数％であったことに対し、インターンシップ参加学生のそれは40％を超えている。インターンシップに参加した学生の多くが実習先で社員とのコミュニケーションに奮闘し、慣れないまでも何とか意思疎通ができるようになることをみても、その後の就職活動において、インターンシップを体験していない学生との差異が大きくなることはいわば当然の結果と言えよう。

同僚には、ゼミの就職内定実績向上で説得

正直に話すと、教員の一部には、研究活動と授業以外の仕事はできるだけ避けたい、あるいは自分の専門分野が現実社会では通用しないものであることを突きつけられるのを恐れて、学生に机上学習を強く求め、インターンシップのような企業担当者と関わるようなプログラムは排除したいと考える者さえいる。

こうした教員も同僚、仲間なのである。そこで、段階的に説明することを心掛けた。まずインターンシップに価値を見出し関わりを持つことで、どのような学生が企業で求められているか理解でき、学生への的確なアドバイスが可能になること。それによって**ゼミ学生の就職内定状況がアップ**しゼミの評判は間違いなく上がる、というように。

ここがポイント

ゼミの就職実績は、教育評価においてますます重要視されよう。米国では就職実績の高い大学ランキングが入学者増に直結し始めている。産学連携教育はそのニーズに正面から応える有効な教育手法だ。

2章　大学における専門人材

今後も、インターンシップセンター長として、教授会等の場でインターンシップに積極的に関わることで教員としての評価を高め、また間接的に教員としての仕事の負担を軽減するものであることを度々伝えていくつもりである。

中・下位層を含め入学時に意識の刷り込み

インターンシップ参加学生を積極的に増やそうとしていなかった数年前までと比較し、とにかく1人でも多くの学生にインターンシップを体験させようという転換は、当初から順風満帆に進んだわけでは決してない。

成績上位学生と我々指導者側がターゲットとする学生層との意識や学習習熟度の乖離は想像以上に大きく、こうした面で対極にあった学生同士が事前学習授業でのグループワークがスムーズに進行しなかったり、インターンシップ先が同じで相互に背を向けるような関係になったり、我々指導側の手を焼く事態もしばしば発生した。しかし、あらゆるケースを学生にとっては貴重な成長過程と捉え、学生間で様々な側面での「差」はあって当然と受け止め、8人の担当教員に理解を求めた。彼らの多くは当初はあまり積極的ではなかったが、手を焼いた学生ほど、インターンシップ後の成長ぶりには目を見張るものがあり、指導することの意味を理解してくれるようになった。

一方、90％を超える学生を参加させるために、インターンシップセンターでは入学当初から参加意識の喚起を仕掛けている。入学直後に実施される学科ごとのオリエンテーション会場をインターンシップセンター長が巡回し、インターンシップの紹介と勧誘を行っているのもそのひとつ。

「今、この話を聞いていて、面倒とか、気が進まないと思っている学生は絶対にインターンシップに行ったほうがいい」と水を向けつつ、強制的な印象にならないように留意しながら選択科目であるインターンシップ登録に誘導していく。会場では、全学生に対して、「この中でインターンシッ

プ行かないっていう人いたりするかな？」などと仕向けるが、このあたりの言い方は各学科のその場の空気を読みながら行っている。入学したばかりの学生のフレッシュな気持ちの中に、すかさずインターンシップを刷り込んでしまうというわけだ。

8年越しでコーディネーターを専任職員へ

本学ではインターンシップ先との連絡や交渉にあたり、いわゆる仲介団体を通すことなく、インターンシップセンターのオフィスコーディネーターが直接企業とやりとりしている。各企業に対して受け入れ学生数の交渉や実習内容の確認、また参加学生に関する情報伝達もダイレクトに行っている。オフィスコーディネーターが300人を超える学生と日常から交流しており、その素顔や特徴を把握しているからこそ、受け入れ企業にもそうした学生の様子を説明できる。企業側も学生に関しての要望を大学に直接伝えることができ、オフィスコーディネーターが企業と学生の双方の状況を把握できていることは、インターンシップの成功に大きく貢献している。

前述のとおり、インターンシップセンターは1998年に設置されたものの、長い間、教員が自分の学科の学生のインターンシップの指導をそれぞれ別個に行っていたのが実情で、インターンシップセンターはいわば取りまとめ役に過ぎなかった。しかし、インターンシップ担当教員もそれぞれの専門分野の授業を担当した上でインターンシップ科目も担当する状況であり、特に企業との連絡に伴う事務処理の負担が大きかった。

そのような状況から、2007年、インターンシップセンターでは、教員の事務処理の負担軽減を主な目的として時間給の非常勤職員を採用し、その役割は主に企業との連絡や教員の事務的作業を補佐する立場であった。

そのうちに、この非常勤職員の企業や学生に対する的確

な対応能力の成長ぶりが高く評価され、5年経過後の2012年に「インターンシップセンターオフィスコーディネーター」（5年任期の契約専任職員）に改めて任用し、さらに3年後の2015年に**正規の無期雇用の専任職員として再任用**されている。こうした任用は異例であるが、学長の「優れた能力と適性を持つ人材は積極的に活用していく」という姿勢は、ソニー株式会社創立時の精神を示してくれたと感じている。

本学のインターンシップにおいて、このオフィスコーディネーターの存在は大きく、まずは、インターンシップ担当教員の負担が大幅に軽減され、担当教員からはその存在は大好評である。また、大学としてのインターンシップ専門窓口が一本化され、連絡がスムーズになったばかりでなく、企業側からも様々な相談を受け、対応できるようになった。さらに、このコーディネーターを介して、学科間のヨコの連携が生まれるようになり、教員の間でインターンシップ以外の要素についての相互理解がより深められるようになっている。

ここがポイント

時間給の非常勤職員から任期制契約専任職員、さらに無期雇用の専任職員と段階を踏んで登用されたオフィスコーディネーター。外部人材を採り入れる優れたモデルと言えよう。

取組の課題

「一緒に次世代の若者を育成しましょう！」という企業も多く、これは信頼関係を構築しているオフィスコーディネーターによるところが大きい。そうした中、ある企業は、若年層社員研修として活用しており、20〜30歳代の若年層社員1人にインターンシップ学生を配分。学生に仕事を教えることにより、社員の意識向上や業務の見直しにつなげている。こうした形態のインターンシップを拡大し、企業と学生の双方にメリットのあるプログラムを増やしたい。

ホントはどうなの!? 執筆者のホンネ

「短大生には、時間がない」
　私の学生教育における最大のポイントであり、悩みの種でもある。インターンシップに送り出す時期の学生達は1年前はまだ高校生。言い換えれば高校4年生が実像だ。そんな状況でありながら在籍学生のほとんどをインターンシップに参加させることに内心、恐ろしさを感じている。だから毎年、まるで綱渡りをしているか、ジェットコースターに乗せられているような気分なのだ。でも、このスリリングな感覚は教育に携わる者としてかけがえのない喜びに直結する。生徒から学生へと大きく成長する姿を目にするやりがい満載の仕事は、病み付きになる。

ここが着目点！
編集代表による解説

　インターンシップセンター長、荒野を征く。
　こんなキャッチが当てはまりそうな事例ですね。つい先ごろまで高校生だったまだまだ生徒意識の学生を前に、必ずしも協力的でない一部の教員たち。すなわち全方向に敵あり、の状況でセンター長は孤軍奮闘します。と、そこに現れた有力な助っ人2人。「学生が何かしでかしたら、センター長がお詫びに行けばいいだけの話」と大見得を切った学長と、苦労人のオフィスコーディネーターさんです。
　この構図、インターンシップを軸とする産学連携教育の推進がかまびすしい昨今、日本の大学の縮図と言えます。2005年頃から本格化したキャリア教育やインターンシップなどに対する国の助成制度、いわゆるGP（Good Practice）が広く大学界に浸透した結果、全国の教育現場には多数の任期制教職員が活躍するようになりました。産業界出身者の比率高く、豊富な職業経験をもとに学生たちを親身になって教えているのです。彼ら彼女らが学部や研究科の真ん中に箱を置く専任教職員の皆さんに与えたインパクトは小さくなく、日本型産学連携教育における専門人材と呼んでも過言ではないと思われます。
　反面、こうした専門人材に業務や労力が集中し学部や研究科と一定の距離を保ちつつ展開してしまう事例も少なくないようです。これでは本末転倒。本来の趣旨である教育力の向上、ひいては高等教育改革につながっていかない危惧が生まれます。
　味方を惹き入れつつ、衝突を恐れず結果として信頼感を醸成、失敗したらさっさと謝りそれを機に距離を縮め、データを用いてその気にさせる、などなど。本編では、教育改革の渦を巻き起こすためのノウハウがそこかしこに認められています。

■ 開発Ａ型（対 経済界）：教員系 ■

京都学園大学

【大学概要】
（平成27年5月1日現在）

住所：【京都亀岡キャンパス】〒621-8555　京都府亀岡市曽我部町南条大谷1-1
【京都太秦キャンパス】〒615-8577　京都市右京区山ノ内五反田町18
学部：4学部
（経済経営学部・健康医療学部・人文学部・バイオ環境学部）
教職員数：272名
〔教員：167名（非常勤講師除く）職員：105名〕
学生数：2,951名
学校種：総合大学

お 悩 み チ ェ ッ ク

立地等への悩み	産業基盤の乏しい地域にある	◎
	複数キャンパスでまとまりにくい	△
組織への悩み	総合大学で認識の共有が大変	○
	縦割り組織で困っている	△
教育への悩み	魅力ある取組を開発してみたい	◎
	複合的な取組を検討したい	◎
	教育に対する評価を導入したい	△
マンパワーへの悩み	やる気のある教職員が孤立気味だ	○
	職員に業務が押し付けられている	△
	職員の協力がなかなか得られない	△
学生への悩み	学修意欲が低く手を焼いている	◎

京都学園大学

取組の概要

キャンパス内での
ショップ運営が力を育む

経営学部は学内インターンシップとも言えるチャレンジショップ「京學堂」の運営に取り組み今年7年目を迎える。

平成21年度の文部科学省「大学教育・学生支援推進事業」【テーマB】への採択がきっかけで、「学生の経営知識の習得と実践に取り組み、自律能力豊かな即戦力となる人材を育成すると同時に、入学から卒業までの継続的な個別指導を通じて、**教員の相談・就職指導力向上を図る**」ことを目的としている。

3年間の補助金給付期間終了後も活動を続け、2015年の新キャンパス開設に伴い（経営学部も経済経営学部に再編）、亀岡キャンパスの食堂フロアに開設されていた京學堂も新店舗をオープン。大通りに面し、近隣市民も顧客とした新展開をみせる。

現在、店舗で取り扱う商品は、地域の授産施設で製造されるクッキーやシフォンケーキ、バイオ環境学部で育てるニホンミツバチのハチミツを使用したどら焼き、大学OB経営の菓子店のシュークリーム、⑨京都ハンナリーズのグッズやチケット、⑩大学公式キャラクター「太秦その」のチョコレートやクリアファイルなど。10を超える取引先の多くは学生たちが開拓してきた。

そもそもこの取組は、学生自らが考えたビジネスプランを基に、キャンパス内でのショップ運営を通じて、計画立案、会計、マーケティング、経営管理等の知識と実践の統合を図り、チームで協働できる力を身につけ、就職に対する意識の醸成を促すものだ。物販に必要なコミュニケーション能力や企業との折衝を通じた交渉能力、チームとして動くための組織の在り方やリーダーシップ力、課題解決力等、ビジネスに必要なノウハウとスキルを獲得し、主体的に活躍できる人材の育成を目標とする。

1〜4回生まで**他学部生も含め**、毎年数十名の学生が参加してきた。⑪フィールドワーク実習として授業に組み込まれ、店舗販売実習を行う。さらに、学生は企画、商品、会

ここがポイント

教員の就職指導力を向上させようとして学内出店。このセンスに着目してほしい。生の経営を学生に体感させ、結果として就職観を醸成する。巧みではないか。

⑨ プロバスケットボールBjリーグの一チーム。

⑩ 「太秦その」は、2015年4月に「京都太秦キャンパス」（地下鉄太秦天神川駅から徒歩3分）が開学するのを記念して、京都学園大学と京都市交通局とのコラボによって誕生したキャラクター。

ここがポイント

学内ショップの強みは、開店後は学内の学部、研究科の枠を簡単に乗り越える可能性を秘めている点。面白がって学生が出入りすれば、あっという間に実現しま〜す。

⑪ 平成27年度は月、火、木、金の3、4、5時限（12:00〜16:30）に科目履修。

2章　大学における専門人材

68

計という機能別グループに所属した役割やオープンキャンパス、地域との連携事業等、授業時間外の活動も行う。学期ごとの登録で1回生から卒業まで連続して携わることもでき、半数程度が継続する。

就職、地域連携、学内連携……効果は多々

学生たちは、経営を具体的にイメージでき、就職活動時の面接の話題にもなったという。担当取引先企業へ就職した者もいる。卒業後も顔を出すなど、学年や学部を超えた情報提供や知識継承の場として機能していることは予想以上の成果だった。

また、学内の学部、教学支援センター、キャリアサポートセンターとの連携の下、卒業生や商工会議所、経営者協会等の外部協力を得ての取り組みで、地域と大学の連携、教職員の協力体制の強化、指導力の向上につながっていると言えるだろう。

スタート時には、学長を委員長とした学外委員を含む評価委員会を設置、第三者評価体制を確立した。学内でも、学生、教務、キャリアサポート各委員会、各学部教授会での定期的検証を行い、取組の点検と改善を図った。また、年度末報告会やシンポジウムを開催、計画の進捗と効果の検証を定期的に行い、PDCAを実行してきた。

プロジェクトの特長、研究領域を問わず学部のほとんどの教員が関わっていることを挙げたい。**店舗運営には、各専門分野を生かすだけでなくお互いの学び合いが必要**であり、開設準備時から国内外の大学の視察調査を行った。日常的には、ローテーションで各シフトを担当、単位認定に関わるだけでなく、業務や取引先ごとに分担して学生のサポートにあたる。月1回の担当者会議では情報共有と指導方針、成績評価基準の確認等を行い、教育力の向上を図る。

教職員と学生が協働できる場を通じて、活動が相互に関連して、知識力と実践力のある学生を育成してきた。

ここがポイント

経営は生き物だ。教員もまた、学内ショップで鍛え合う可能性を秘めている。「FD（授業改善、実質的には相互授業参観）よりよほど鍛えられた」の証言もある。

京都学園大学

取組の経緯

継続は力なり

経営学部事業構想学科の開設にあたり、2002 年、[注]ビジネスプランニングコンテストがスタートした。

この第 1 回コンテストで優秀賞を獲得した学生を中心に、2003 年、亀岡駅前商店街の空き店舗を活用した学生実験ショップ「カフェ & ギャラリースペース[注]CONOCER」が開設された。亀岡市商工会議所が主体となった産官学連携プログラムの一つであり、亀岡市と京都府の補助金を得て運営されたが、2 年間の補助金終了とともに幕を閉じた。ショップがキャンパスから離れた学外にあったため現場に行くスケジュール調整が難しいことや、課外活動に位置付けられていたこともあって一部の学生と教員の参加にとどまったことなどが主な理由であった。

しかし、このショップ運営体験は教職員に強いインパクトを与えた。参加した学生には貴重な職業体験となり、主体性を育成した学びの場として機能していたことは誰もが認めるところだった。

獲得した補助金で再び学内ショップを

その証に、2009 年度の[注]文部科学省の補助金獲得をきっかけに、学生によるショップ運営が蘇った。**2004 年の CONOCER 終了後もコンテストは毎年秋に開催され、ビジネスアイデアを具体化していくプロセスを学ぶことにより実践力を高めようという取組を継続してきた貴重な体験から、ショップ開設プランは実に自然なかたちで具体化した。** そして、運営を考えるにあたっては、CONOCER の課題をもとにできるだけ多くの学生と教員が関われるよう、学内に店舗を置くこととなった。

アパレル・スイーツの 2 部門実現へ

初年度はまず[注]国内 9 大学の実験ショップの先行事例調査を行い、並行してコンテストで 19 プラン応募中の最優秀賞「環境問題を考えたアパレル」と優秀賞「和と洋のコ

[注]
年 1 回行われ、2015 年で 13 回目を迎える。個人やグループでビジネスアイデアを具体的に事業計画にまとめ発表するコンテストでは、外部審査員を含めた審査委員会で最優秀賞、優秀賞を選定。

[注]
スペイン語で「人の集まる場所」。

[注]
文部科学省「大学教育・学生支援推進事業」【テーマB】。

ここがポイント
絵に描いたような「継続は力なり」の構図。コンテスト開催を続けていたからこそ、教職員の意識は高いレベルで維持され学内ショップという秀逸なプランにつながったのだ。

[注]
広島経済大学、明治大学、追手門学院大学、名古屋学院大学、日本福祉大学、石巻専修大学、愛知大学、豊橋創造大学、同志社大学の 9 大学。中でも、広島経済大学の取組は独創性、進取性ともに大いに参考になった。

2 章 大学における専門人材

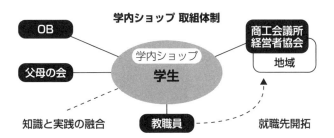

　「ラボスイーツ」の実現に向けて、教員、学生の協働で立ち上げ作業を進めた。また、外部専門家として4名の経営コンサルタント、数名のキャリアアドバイザーに加わってもらい学習環境を整えた。さらに商工会議所などの関係協力機関と連携し、取引先の開拓や交渉等の自主的活動のサポート体制も整備した。

　3月末のオープン前3か月は作業に忙殺された。教員、学生ともに春休み返上でショップの名称決め、看板やチラシの作成、必要な備品の選定購入、商品の仕入れと価格決め、値段づけと陳列、レジ打ちの研修、各種マニュアルづくりなど、やるべきことは山ほどあった。

　学生はアパレルとスイーツの2部門に分かれて準備を進めたが、売り場のレイアウトやPR方法などで対立することもあり、はからずも部門制組織の長所短所を学ぶ機会となった。また、**学生たちの自主性を尊重しつつも、どこまで口を出すべきか**、専門家・教員各人で意見や指導方針が違っていた。教員の役割として、フレームは示しスケジュール管理を含め外部との交渉もサポートすべきと考える者もいれば、一切手を出さずにゼロから学生たちに考えさせるべきという者もいた。どちらにも言い分はあり、チームでの取組の難しさを感じることも少なくなく、試行錯誤の日々であった。

　店舗運営をスタートしてからは、課題に直面する毎日だった。リーダー会議、部門会議や全体会議を通じて、取扱商品の決定、外部業者との商談による販売商品の選定、

 ここがポイント

　学生の主体的な学びの促進を考える上で、最も悩ましいのがこの点。学生は常に入れ替わり気質も変化する。指導（口を出す）の領域もまた、自在に変わる。マニュアルは、ない。

ここがポイント

学生は、化ける。長期インターンシップを終えた学生と出会った職員が「ウソ、半年前にろくに挨拶できなかったあの学生？」と絶句したエピソードもある。面白がって走り出した学生は、もう誰にも止められない。

注

延世大学、漢城大学、中央大学、西江大学。大学独自の創業支援センターや支援制度の充実と「就職よりも起業」という学生たちの意識の高さには、日本との大きな差を感じた。

レイアウトや店舗ディスプレイ、商品陳列から販売促進方法に至るまで、ディスカッションを重ね一つひとつの課題をクリアした。**学生の発案が活かされた例も少なくない。**クリスマスセール等の販促イベント、ホームページの立ち上げやブログでの情報発信、新規商品の取扱、売り上げ目標の設定、曜日ごとの売り上げ競争などである。教え教えられる店舗運営だ。会計処理や運営の適切性に関する検証も行ったが、この作業は、教員と学生たちが作成したPDCAサイクルに沿ったものであり、学生たちは自らの課題を確認し、問題解決能力を身につけていった。

プロ目線の必要性も痛感した。実際に店舗運営にあたる4名のショップアドバイザーを依頼したことにより、接客マナーや効果的なレイアウト、PR方法などの指導はぐっと実践的になった。

一方、教員のプロジェクトチームに運営会議とともに学習の場を設けた。大学OB経営者によるセミナーや他大学の取組担当者を招いた勉強会を開催。さらに**韓国ソウルの4大学の起業支援・事例調査**により、店舗運営や学生支援について情報収集を行い、指導力は格段に高まったように思う。

また、取組の概要はホームページ上で公開し、学内の情報共有や学外との協力連携を図った。実際にバイオ環境学部で生産した酒米利用の麹を使った飴が好評を博したほか、人間文化学部ゼミと連携したポスター作製や、近隣の高校で製造したアイスクリームの販売、教員と学生の出張講義など学内外の連携は着実に広がった。

関係者がともに歩むこと

3年間の補助金終了時に作成した報告書には、こんな教員たちの感想が寄せられた。

「学生たちが京學堂というショップをマネジメントし、その中で生じた疑問点を講義に持ち込み、講義から持ち

帰った知識を京學堂で活用し、また新しい疑問点を講義に持ち込む、というサイクルが生まれた。大学でただ単に知識を修得するということにとどまらず、その知識を実践的に活用するということは、学生たちにとって非常に重要な経験なのではないだろうかと思う。実践的な学問である経営学に携わる教員としても、このようなサイクルの中で講義を行うことはとても刺激となるものであり、貴重な経験である。」

「初めの頃は取引先に電話をするのにも、話す内容をメモして、教員に『こんな内容でいいですか？』とチェックしてもらい、でも実際に電話すると、メモどおりには話が進まず、しどろもどろになりながら電話をしていた学生たちも、今ではすっかり落ち着いて取引先と交渉している。この間の学生の成長には目を見張るものがある。教員が指導したというより、場が学生たちを育てた部分が大きい。そういう学生が成長できるいろいろな場を用意することも大学教育の重要な役割であろう。」

「こういった取組が徐々に学生の自律能力を高め、就職力のアップにつながり、教員の指導力の拡充に反映しつつあること、他学部との連携事業やＦＤ活動等において、全学的な広がりが見られたことは大きな成果といえるだろう。」

この３年間の取組が文部科学省の学生支援推進プログラ

京都学園大学

注

各大学は、S・A・B・Cの4段階で評価され、465校のうち16%（74校）がS評価を取得。

事例集は、平成21年度「大学教育・学生支援推進事業」学生支援推進プログラム及び就職支援推進プログラム　優秀事例集（発行：独立行政法人日本学生支援機構・監修：文部科学省・2013年3月）

2章　大学における専門人材

ムの評価委員会により@S判定をもらったばかりでなく、「優秀校」として事例集にも紹介されたのは携わった教職員の誇りである。評価委員のコメント「これを継続することと全学的に広がることを期待したい」は、学生たちも含め大きな励みとなった。

しかし、継続するためには、補助金終了後の予算獲得の問題があった。基本的な設備や備品はそろうが、新商品を扱う場合に必要な備品や情報機器関連経費等は日々の収益ではなかなか賄えない。実際のビジネスではこういった経費が出せないようでは商売人として失格であろう。しかし、学生たちのチャレンジの場である京學堂で扱う商品は利益率も低く、収益は活動費や新規商品の仕入れ等に回すのが精いっぱい。シフトで教員も学生も入れ替わるため、開店時間を通して全体を見るスタッフを雇用している人件費も大きい。

他大学の事例を見ても、店舗運営のために専門スタッフ人員の確保と運営の予算措置をとるのが一般的で、中には大きな予算を充てるところもある。大学予算を獲得したいと考えたが、前例のない取組での人員と予算の必要性を理解してもらうことは容易ではなかった。「店として利益を上げて、運営するのが当然」「なぜ教員だけで回せないのか」という意見も聞かれた。

京學堂のメンバーは卒業入学により入れ替わり、新しいアイデアによる取扱商品も変化している。ビジネスの世界でも、新規事業が収益をあげるまでには投資と時間が必要である。つまり、京學堂は**常に新規開店したお店と同様であり、失敗することも含めてチャレンジする場として、そのプロセスを体験することに意味がある。**

こういった課題への学内外の理解も徐々に進んでいる。7年目の京學堂の目的が、継続にとどまらぬよう、常に学生と教員の「協育の場」を目指し続けたい。

ここがポイント

学内ショップは常に新規開店に等しい。至言だ。教職員にしてみれば、毎年起業するようなもの。誰もがチャレンジする共通のステージ、それが学内出店の醍醐味だろう。

74

取組の課題

　世代交代にしたがい、ルーティン業務をこなす感覚になりがち。新キャンパスの店舗開店やビジネスプランコンテストで、問題は一部解消されているが、個々がやる気を持ち取り組むための工夫が必要だ。また、亀岡と太秦のキャンパス間の移動や授業コマ数が増加する教員たちのスケジュール調整は教務担当教員泣かせとなっている。2年ごとに教員プロジェクトの責任者を替えているが、責任者の負担が大きくなりすぎない体制づくりも課題である。

ホントはどうなの!? 執筆者のホンネ

　学生にとって「学び」と社会のつながりを実感できるプログラム取り組みが必要だと考え、この取組はスタートした。プロジェクトチームの教員も学生メンバーも手探りの状態で走り出してよくまぁ続けてこられたなぁ、というのが本音である。継続の要因として考えられるのは、民間企業で実務経験のある教員や、専門領域を通じて様々なネットワークを持つ教員がいたのが大きい。経営学を教える集団の教育力は、間違いなく向上した。そして、毎年のように「スポーツマネジメントコース」「事業継承コース」の創設、「女性企業家講座」の開設など、新しいことにチャレンジする文化が教員たちに育まれ続けている。

ここが着目点！
編集代表による解説

　一読された皆さんには、もう十分にお分かりですね。京都学園大学の取組で最も優れている点は、その汎用性の高さです。総合大学でも単科大学でも、理系の大学でも短大でも「キャンパスの中にお店を創る」。それだけで学部の枠を超え学生を育むことができ、学外とも深い連携が可能となるのです。しかも、経営は生き物。いつしか教員たちは教え合い、学生からも学ぶことになると大石教授は示唆します。素敵じゃないですか。

　もっとも、安直に真似をするのは禁物かも。筆者はこうも指摘しています。「新商品を扱う場合に必要となる備品購入や情報機器関連経費等は店舗の日々の利益ではなかなか賄えない」と。前身である「カフェ＆ギャラリースペース CONOCER」の経験と、並行して実施してきたビジネスプランコンテストをもとに継続してきた経験者の言ならではの重みが感じ取れます。毎年顔ぶれが入れ替わる学内ショップは、立ち上げるのは大変ながら楽しい作業かもしれません。しかし、継続するにはその何倍も汗水を流さねばならぬようです。導入を検討される場合は、中長期的な予算措置を計画する必要がありそうですね。

　実はキャンパス内出店は、京都学園大学が当初視察を行った大学をはじめ、全国的にじんわり広まりつつあります。最大の理由は教育効果の高さ。お店の経営には、店舗デザインから商品管理、販売と会計と実に多くの要素が含まれます。学生たちは商品の仕入れや開発のため地域を歩き回り社会人と折衝を繰り返し、これだけでもう優れたインターンシップ！　さらに対面販売を通じてコミュニケーション能力を高め、学生同士で協力し協調性と責任感を育みます。導入しない手は、ないのでは？

開発Ａ型（対 経済界）：教員系

摂南大学

【大学概要】
（平成27年5月1日現在）

住所：【寝屋川キャンパス】〒572-8508　大阪府寝屋川市池田中町17-8
【枚方キャンパス】〒573-0101　大阪府枚方市長尾峠町45-1
学部：7学部
（法学部・外国語学部・経済学部・経営学部・理工学部・薬学部・看護学部）
教職員数：461名
〔教育系職員：323名　事務系職員：138名〕
学生数：8,139名（2015年8月1日現在）
学校種：総合大学

お 悩 み チ ェ ッ ク

立地等への悩み	複数キャンパスでまとまりにくい	○
組織への悩み	総合大学で認識の共有が大変	◎
	縦割り組織で困っている	○
	学部や研究科の中枢ほど産学連携を軽視する	○
	中核的組織センターがない、機能していない	○
教育への悩み	魅力ある取組を開発してみたい	◎
	複合的な取組を検討したい	◎
	教育に対する評価を導入したい	○
マンパワーへの悩み	やる気のある教職員が孤立気味だ	○
	職員の協力がなかなか得られない	◎
学生への悩み	学修意欲が低く手を焼いている	○
	大学の窓口を利用してくれない	○

摂南大学

取組の概要

建学の精神をベースに多様な インターンシップ

摂南大学は7学部13学科を擁する4年制総合大学である。
「世のため、人のため、地域のために『理論に裏付けられた実践的技術をもち、現場で活躍できる専門職業人の育成』を行いたい。」という**建学の精神の実現**のために全ての教育活動が行われており、その一環として、インターンシップ科目を開講している。

「参加学生が実際の仕事現場の一員として業務を担当することを通じて、社会人の方々がどのような考え方で働いているのか、特に①社会人の方々が広い社会全体の中での役割を担って働かれていること、②他者への貢献を仕事の成果として受け止めていること、③仕事に責任感と充実感を感じていること、を発見し職業観の形成や学びの動機づけ、職業選択に役立てること」を目的としている。

本学のインターンシッププログラムは下記のように多様である。学部特性に併せた科目が開講されており、学生は3年次に志向や興味によって科目を選択できる。

○インターンシップ（イ組）：法学部、経済学部、外国語学部、理工学部の学生を対象とし、派遣先の職種も多岐にわたる。

○ビジネスインターンシップ：経営学部を対象とし、派遣先職種は文系総合職を主としている。

○インターンシップ（ハ組）：外国学部を対象とし、派遣先はホテル業を中心とした観光系企業を主としている。

○ものづくりインターンシップ：主に理工学部を中心とし、パナソニック株式会社様のモノづくり研修をアレンジしたプログラムを受講できる一週間の宿泊研修である。

○インターンシップ（専門演習Ⅱ）：経済学部を対象とした専門演習において、多彩な経済活動の現場での専門学習と結びついたインターンシップを実施している。

○エアライン・ホスピタリティ・インターンシップ：外国語学部を対象とした、ANA総合研究所との連携によ

ここがポイント

「建学の精神」は、中堅大学にとって改革の有力な拠り所だ。創設者は優れた公益的精神を持ち合わせており、だからこそ私財を投じるなどして建学したのだ。インターンシップなど新たな教育に取り組む際には、ぜひとも立ち返ってもらいたい。

2章　大学における専門人材

る「エアライン・ホスピタリティ・プログラム」の一環で空港業務の就業体験ができる。

○海外モノづくりインターンシップ：理工学部を対象としたプログラム。アジア（2014年度はタイ）の製造現場の業務に従事することで、国際感覚を習得する貴重な機会となっている。

このように本学のインターンシッププログラムは多岐にわたり、多様な学生の志向や要望に対応できる体制である。その中でも本項は「インターンシップ イ組」の取組を紹介する。

このプログラムは「インターンシップⅠ（前期開講）」と「インターンシップⅡ（前期非終講）」の2科目で構成されており、前者は事前学修の位置付けで、前期期間15回の授業でビジネス組織の在り方、マナーや常識、学生と社会人の違いを学び、プレゼンテーションやグループ討議を通じて社会人としてのスキルを涵養することを狙いとしている。後者は事前・事後学修と原則2週間（10日以上）の実習で構成されており、事前学修ではマナーの最終確認や実習に挑む上でのマインドセットの再形成を目的としている。事後学修では実習で学んだ内容と経験した事柄を整理し、体験報告を行うことで自身の振り返りと他者の学びを共有することができる。全体の運営スケジュールは例年2～3月にかけて履修ガイダンス及び履修者の確定を行い、前期はⅠを開講し、事前学修としており、案夏季休業期間中に実習先に派遣、後期には事後学修という流れをⅡとし、11月には全てのプログラムの代表者による全体報告会を執り行っている。全体報告会は各クラスの代表者がインターンシップを通して経験したこと、気づき、現時点の自分の強みや弱みなどを発表しあうこと、ゲスト企業様による講演を聴講することで、履修学生はより学びを深める機会となっている。なお、発表内容を審査し、優秀賞・最優秀賞の2つの賞を授与している。

摂南大学

取組の経緯

先人の先見の明が今の取組の基礎

はじめに、本学におけるインターンシップの歩みを整理する。

1996 年：労働省が「インターンシップ制度」の導入を検討開始。

1997 年：インターンシップ制度導入について提案、承認。「職業能力開発」を開講、インターンシップの施行開始。

2002 年：名称を「インターンシップⅠ」「インターンシップⅡ」と変更。

2004 年：インターンシップ制度推進委員会を立ち上げる。

2006 年：経営情報学部（当時）で、1 年後期に「インターンシップ基礎」、3 年前期「ビジネスインターンシップⅠ」、3 年後期「ビジネスインターンシップⅡ」を専門科目で開講。

以後、「インターンシップ」の履修に関する事項は教務課が掌握し、「受け入れ先の開拓」については就職部が掌握することで現在に至っている。

このように、本学のインターンシップの歴史は長い。昨今の大学教育において「キャリア教育」、「インターンシップ教育」と呼ばれる以前よりその萌芽が見られた。例えば「文化会経営工学研究部」で行われていた**工場実習**では学生が工場に泊まり込みで調査に出向き、設備の稼働率、従業員の動作分析、生産工程の分析などを観察・調査し、報告を行っていた。今でいうアクティブラーニングである。そのような土壌があり、1996 年に労働省が「インターンシップ制度」導入の検討を開始した際にもいち早く対応することができたのである。

本学のインターンシップ制度が比較的スムーズに推進された理由は、①すでに存在した学内のナレッジ、②大学生の就職事情に関する変化、③教職協働の風土が合致した結果であると考えられる。1996 年、佐谷戸安好学長（当時）より「大学教育から仕事へのスムーズな移行のためには就業体験が必要である」と提言があり、その観点から大学教育におけるインターンシップの実施可能性について議論が

ここがポイント

「工場実習」は産学連携教育の元祖。インターンシップの端緒は米国のシンシナティ大学（1906年9月）だが、工場実習にフォーカスすれば英国でさらに数十年も遡る。身近な工学者からノウハウを吸収しよう。お薦めコースだ。

2章 大学における専門人材

なされた。佐谷戸は、若手人材の育成意識が高く、推進力があり、非常に厳格だった。

佐谷戸の提言を受けて、主たる推進役となったのは経営情報学部（当時）の羽石寛寿教授である。羽石は前述した「文化会経営工学研究部」の顧問を務めていたこと、学部教育において労務管理論、産業心理学を担当しており、「人と仕事のマッチング」に造詣が深かったことから白羽の矢が立った。

また、1996年当時はバブル崩壊後の求人倍率の低下、大卒就職後3年以内に3割が離職するといった傾向が見られ始めた時期であり、「大学から社会へのスムーズな移行を考える」ことは就職部にとっても喫緊の課題であった。それにより「企業を見ずして学生を社会に送り出すことはできない」という思いから、就職部を巻き込んでのインターンシップの施行がなされたという。

ちなみに、それ以前より羽石が指導教授だった経営工学科経営管理研究室と学事課（現就職部）の協働事業として全学生を対象とした「性格・適性診断調査」を実施している。1980年7月に学内で発表された『現代学生気質 性格・適性調査診断報告書』を見ると当時の学生の気質や職業への興味傾向が読み取れる。この調査を毎年行うことで受講学生の職業興味・適性に関するスコアが向上しており、このことは昨今取り上げられる「キャリア教育」の萌芽的活動だったと言える。

なお、1998年には教職教室の主任であった国際言語文化学部（現外国語学部）の村田俊明教授がインターンシップ推進活動に参加している。村田の教育実習における実習記録簿や報告書の作成と運用のノウハウをそのままインターンシップの実習記録簿、報告書作成に活かすことができた。

このようにすでにあった学内のナレッジ、社会の変化、教職協働の風土、さらには受講学生のモチベーションが高

注

『現代学生気質 性格・適性調査診断報告書』は一般職業適性検査、職業興味検査、Y-G性格検査を行い、就職年次の各学科の学生の適性能がどのような度合か、どのような能力が優れているのか、どのような職業に興味を示し、性格の傾向はどうかをまとめあげたもの。

注

実習内容と反省および今後の対応などを実習期間中は毎日記入し、先方担当者様にフィードバックを受け、改善に活かす仕組みは教育実習のノウハウをそのまま活用している。

かったこともあり、本学のインターンシップは推進されてきたと言える。1997年の開講初年度の受講学生数は3名だったが、翌98年には学部を横断して117名にまで増加、1999年より現在の形になり、今に至っている。現在でも事前学修のプログラム開発はもちろん、教員及び職員が企業訪問を行い、受入企業の開拓を行うという自前主義の文化は継承されている。

学生気質の変化に伴い再定義、能動的な学び

　私は2011年より摂南大学に着任し、全学部を通してインターンシップを含むキャリア教育を担当している。ここでは10年前と現在の学生の気質について述べる。

　2000年当時に学生が作成した「インターンシップ体験報告書」と着任時のそれを読み比べると、学生の気質や目的に大きな違いが見られる。10年前の報告書では学生はどのような目的でインターンシップに参加し、何に気づき、何を学んだのかを経験に基づいて述べているのに対し、着任当時の報告書を読むと「体験した内容の羅列」にとどまっていた。

　これらは「働くことに対する意欲」と「インターンシップへの参加目的」の変化に起因していると考えられた。働くことに対して意欲的であれば事前学修においても「自分はどのような仕事に就き、自身の特性を活かしてどのように成果を上げるか」に主眼が置かれるが、それ以前の段階であれば「働くとはどういうことだろう」から始めなければならない。インターンシップの受講目的が「職業観の形成」や「社会を知ること」であれば受講姿勢も能動的なものになるが、目的が「単位の取得」であれば、その目的のための最低限の労力しか払われないことになり、学修姿勢も受け身になる。インターンシップの導入から20年近く経っていた間に学生気質の変化だけでなく、運営側にもルーティン化傾向があったのかもしれない。

それに対して、私と担当部署である教務部が取り組んだ
ことは大きく二つである。

　一つ目は「摂南大学のインターンシップの目的」のリフ
レーミング（再定義の意）である。前述したように「参加
学生が実際の仕事現場の一員として業務を担当することを
通じて、社会人の方々がどのような考え方で働いているの
か、特に①社会人の方々が広い社会全体の中での役割を
担って働かれていること、②他者への貢献を仕事の成果と
して受け止めておられること、③仕事に責任感と充実感を
感じておられること、を発見し職業観の形成や学びの動機
づけ、職業選択に役立てる」とした。

　それに伴い、体験報告書の様式の変更も行った。従来ま
では一つの記述スペースが大きく、それにより「体験した
事実の羅列」になってしまっていたが、報告事項を細分化
して記述させるようにした。その項目は、①参加の動機と
インターンシップに挑むにあたって目標化したこと、②実
習先の事業・業務内容と実習内容、③実習中最も困難だっ
たこととその乗り越え方、④実習を通じて気づいた自分の
成長ポイント／職業観の変化、⑤実習を通じて気づいた自
分の強み・改善点、⑥全体報告、である。体験報告書の様
式変更と並行して受講学生にもこれらのことを意識しなが
ら講義に挑むことを繰り返し指導することで、少しずつで
はあるが改善が見られている。

　二つ目は「能動的にならざるを得ないような教案への改
定」である。前期開講のインターンシップⅠ（事前学修期）
の講義において受講学生が「自ら考え、行動しなければな
らない」状況を作った。具体的にはグループワークとセル
フワークを織り交ぜて、「情報収集→検証→自らの考えを
整理→発表」のプロセスを繰り返すことである。

　インターンシップの効果を最大化する方法や社会の諸問
題などを自分たちで探し出し、情報を整理して、自らの解
を見出して発表する。なお、この過程では「**ゼミの先生**

にインターンシップで何を学ぶかについてヒアリングしてくる」という課題もあり、それにより多くの教員にインターンシップの取り組みや学生のキャリア形成に関心をもってもらえるようになったという効果も見られた。

　最低限伝えなければならない基本的な知識・技能（組織の形態に関する知識やマナー等）は概説するが、学生自身が調査したことを発表する報告プレゼンテーションを繰り返し行うことで、情報の収集と検証の勘所、他者から学ぶ姿勢、伝える際の態度など社会で必要なスキルの向上に寄与している。

　「インターンシップⅠ」修了後に「インターンシップⅡ（企業実習）」へと進むという一連の流れをもって、インターンシップ教育を通じて「職業観の形成」「自らの学びと社会とのつながりを意識する」ことへとつなげているのである。

ここがポイント

　インターンシップの学内認知を上げる王道は、ゼミだ。「インターンシップなんて必要ない、必要ない」とうそぶく御仁がいたら、その先生のゼミ生に説明させよう。事前と事後に。社会に学び成長した教え子に目を丸くするに違いない。

取組の課題

　本学のインターンシッププログラムは大きく「専門科目との直結型」と「職業観涵養型」に分類される。しかし職業観の涵養を目的としたインターンシップを実施する場合、3年次の夏季休業中ではもはや遅いと思わざるを得ない。そこで開講年次を2年次、または1年次にまで引き下げたい。低学年次より社会に触れることで、学びと社会とのつながりを意識することが期待される。今後はその体制づくりのための学内外との調整作業が必要であると考える。

ホントはどうなの!? 執筆者のホンネ

　インターンシップを希望する全学生の意欲が高いわけでなく、ましてや受講態度やマナーが最初から良いわけでもない。科目を通じてそのような社会的態度を涵養することも目的だが、ホンネは「この学生を企業様に派遣しても大丈夫かなぁ。受入企業様に申し訳ないのでは？」と思うことすらある。一方、そのような学生こそ「仕事の現場で大人に叱られ、自らの至らなさに気づく機会になる」とも。実際、インターンシップを通じてぐっと成長し社会に巣立った若者を目の当たりにしてきた。教員冥利に尽きるこの体験こそが原動力。受入企業の方々、どうかこの心境をご理解ください。やるだけのことはやりますので。

ここが着目点！ 編集代表による解説

　産学連携教育に携わる、また携わろうとしている大学教職員を主な対象に、プロになるための指南書が本書の狙い。だからこそ、様々なタイプの専門人材の方々に先駆的な取組がたどってきた険しい道のり、立ちはだかる壁、乗り越えてきた苦難について、つまり取組の「経緯」について軸足を思い切り乗せて執筆してもらいました。

　してみると、本編は険しい道のり、壁、苦難についての記述がほとんど見当たりませんね。あたかも順風満帆にコトが進んできた観がありますが、そこは行間をしっかり読み取ってほしいものです。この大学の優れた点は、その先駆性と公益的精神にあるのだから。

　まず、先駆性。佐谷戸学長の号令に始まり、羽石教授が推進し、村田教授が補強する。先人たちの英知がしっかり受け継がれてこその今日の取組です。見習いたいですね。

　次に公益的な精神。一般的にインターンシップなど産学連携教育における教育上の到達目標は、「主体的な学びの姿勢」や「コミュニケーション能力に代表される人間力の向上」に置かれます。それはもちろん大切なこと。でも、本編では繰り返し「社会全体の中での役割」、「他者への貢献」が語られます。再定義によってそれが明確に位置付けられています。

　豊かな日本を俯瞰してみましょう。社会の中核的人材は今や概ね大卒者です。高度な教育を受けて社会に巣立ったはずの彼らですが、残念ながら社会的不正が後を絶ちません。自分さえよければ、自分の会社さえ大丈夫なら。こうした利己的な考えが蔓延しています。真に豊かな社会は、他者をおもんばかる精神が基本であることを再認識させられました。

管理者型：教職員系

京都産業大学

【大学概要】
（平成27年5月1日現在）

住所：〒603-8555　京都府京都市北区上賀茂本山
学部：8学部
（経済学部、経営学部、法学部、外国語学部、文化学部、
理学部、コンピュータ理工学部、総合生命科学部）
教職員数：851名
学生数：12,889名
学校種：私立大学

お 悩 み チ ェ ッ ク

組織への悩み	総合大学で認識の共有が大変	◎
	縦割り組織で困っている	○
	学部や研究科の中枢ほど産学連携を軽視する	○
	中核的組織センターがない、機能していない	◎
教育への悩み	魅力ある取組を開発してみたい	◎
	複合的な取組を検討したい	◎
	教育に対する評価を導入したい	△
マンパワーへの悩み	やる気のある教職員が孤立気味だ	◎
	民間企業に業務が丸投げされている	△
	職員に業務が押し付けられている	○
	職員の協力がなかなか得られない	○
学生への悩み	学修意欲が低く手を焼いている	○
	大学の窓口を利用してくれない	○

取組の概要

さらに、欧米標準のコーオプ教育

建学の精神「大学の使命は、将来の社会を担って立つ人材の育成」として指し示す、「如何なる時局に当面しても、常に独自の見解を堅持し自己の信念を貫き得る人間」を育成していく、これがすべての原点である。

その建学の精神に基づき、日本型コーオプ教育を追究した結果のひとつが、専門教育（学部教員との連携を含む）と結びつけながら展開され、他校に先駆けて学部における専門科目に中・長期インターンシップを組み込み、学生に社会で生き抜く力を付けることを目指したのが「⊕むすびわざコーオププログラム」だ。2014 年のこと。本格的な欧米並みの⊕コーオプ教育をモデルにした同プログラムは、経済、経営、法学部生を受講生に、3 年間の一貫させたセミナースタイルをとる。2014 年度 1 期生 13 名からスタートし、2015 年度 2 期生は 20 名である。

科目のポイントは卒業時点に目指す学生の姿（目標）が達成されていると学生が自覚できる能力「自信を持つための 4 つの能力フレーム」を養成することにある。

「学習する方法を知っている」、「見通しをたてる力を持っている」、「自己を知り個性を磨く方法を知っている」、「適応力ある社会性を身につける」が能力フレームだ。

「むすびわざコーオプセミナー」は、3 ～ 8 セメ（共通科目 22 単位）で構成される。コンセプトワーク、フィールドワーク、チームワーク（実践ワーク）を軸に、基礎的な社会人への準備力をつけさせる（主に 2 年次）ことが到達目標だ。そのことにより、長期のインターンシップにおいて、受入企業に迷惑をかけず、少しでも役に立つ仕事ができるようにして学生を送り出すことを意図している。修了後に受講生たちは卒業研究や研究論文に着手し、専門性と実践の学びを学術的な学習成果として仕上げる仕組みだ。

さらに受入企業を含む学内外の関係者に集まってもらい研究発表会を実施している。

長期インターンシップとは経済、経営、法学部生に共通

京都産業大学

2章 大学における専門人材

注

学歌に「産業」を創設者荒木俊馬は「むすびわざ」とも読ませ、大学の教育を、社会の営みに結びつけるものとして位置付けた。「むすびわざ」とは、モノ、コト、そしてヒトを新しい発想で結びつけ、新たな価値を社会に「産み出す」（イノベーション）ことを意味する。企業等と連携し、学生の新しい発想・能力を創出させる想いを込め、「むすびわざコーオププログラム」と名付けられた。

ここがポイント

Cooperative Education の訳語。受入企業と大学が協力（cooperate）し合う教育という意味で、主に米国で 1970 年代、国の補助金制度とセットで用いられた呼称。事実上の長期インターンシップ。

の専門教育で、期間は4か月。原則として有給のインターンシップ（専門科目12単位）である。現在、受入企業は5社・海外1大学（次年は3社追加）だ。長期にわたるため、学修の劣化を防止する意味でインターンシップ期間中の日報、週報、月報など定期的なレポート課題を課しており、受講学生に気を抜く暇を与えない。

学部の専門性を軸にしたインターンシップ事前・事後研究プログラム（専門科目4単位）も用意した。インターンシップの事前と事後に2単位ずつ設定し、学部の専門性（ミクロ経済学を題材にした講義等）を生かした学習としている。

長期インターンシップを組み込む効用は意外に多い。企業と大学双方で、「育てる」概念が共有、醸成できるからだ。連携には大変な労力を伴うが、やるだけのことはある。

インターンシップ期間中のキャリア専門学習（座学）も組み込んでいる。授業形式で学生のキャリア形成に関わる専門知識の習得を図るとともに、ワークショップ形式で学生同士の学び合いの場も用意している。そのほか、NPOプロジェクト業務やPBL型実習も含まれる。

むすびわざコーオププログラム長期インターンシップを終えた学生の変化

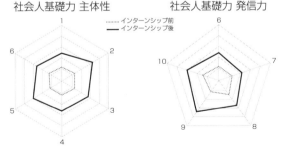

1.「どうしたらいいんですかと？」と聞くのではなく、自分なりの考えを持っていて相談できている
2. 何を求められているか、考え行動できている
3. 受け身にならず、相手の期待以上に応えようとしている
4. 周囲に貢献するために、「誰かがやってくれる」という考えを嫌い、当事者意識を持って行動している
5. 目的を意識して、自ら考え行動することができる
6. 与えられたことだけではなく、さらに自分ができていることをみつけて行動に移せている
7. 根拠や事実（過去の経験や情報）にもとづいた自分の考えに、自信を持って発言する
8. 相手の立場に立ち、わかりやすい言葉で発言する
9. 聞き手がイメージできるように、まず話の全体像を共有する
10. 結論から話すことができる
11. 発言する前に話す内容を自分で理解している（話のストーリーを組み立てている）

注

受け入れ先企業等における勤務は生産的活動とし、その勤務実態（16週間の間に週内3日間の就業）に沿う有給を基本に、受け入れ先と折衝の上、決定をする。このことは欧米並みのコーオプ教育に近づこうとしたものでもあり、受け入れ先と大学が一緒に学生を育てることが可能となる。

ここがポイント

欧米では2～3ヵ月がインターンシップの標準的な期間である。長期化した主な理由は「受入れるからには準戦力として働いてもらう」という受入側の考え方にある。産学双方が本気モードとなるわけだ。参考にしたい。

注

むすびわざコーオプセミナー（長期インターンシップ受講学生）参加学生の成果より

2章　大学における専門人材

京都産業大学

取組の経緯

すべての原点、O/OCF 誕生まで

　世紀の移り変わる 2000 年頃、建学の精神「将来の社会を担って立つ人材の育成」を具現化した産官学連携教育プログラムの実践として、インターンシップに注目し、導入の道を模索したが、具体化には時間を要した。大学のユニバーサル化の中、ソフトスキルの醸成を担っていたクラブ・課外活動から学生が離れ、就職活動でも Web 化主流の下、コミュニケーション能力の低さが問われ始めた頃である。

　私は、就職部時代の就職支援・指導と企業開拓、総務部時代の学内ネットワークの構築と情報収集、経理部時代の構想と企画を土台に、教務部で「今こそ実現する。俺がやらねば誰がやる」と強く覚悟した。

　こうして 2003 年に日本型コーオプ教育をスタートさせ、4 年間一貫して、オンキャンパスでの学びとオフキャンパスでのインターンシップをサンドイッチ方式＝日本型コーオプ型（O/OCF）で組み合わせ、スパイラル的に受講生を成長させようという試みがスタートした。これがすべての発端である。

　科目名は「O/OCF = On/Off Campus Fusion」。座学と実践を融合させることを目指し、全学部生を対象とした。その後、インターンシップを PBL に挟みかえた O/OCF-PBL（Project Besed Learning ＝課題解決型）を基本に据え、大学 4 年間を通じて社会で生き抜く力を身につけさせる発展的な取組へと進化している（2014 年度全受講生 397 名）。

　学びのコンセプトとしては、1 年次には自己肯定感を育む。2 年次には課題解決、自己効力感を醸成し、3 年次には自己肯定感と自己効力感を強化していく。そうすることで「自分に自信がつき、自己実現のエネルギーが出て、問題解決能力も高まる」という考え方である。この O/OCF-PBL 授業には 2007 年度から 9 年間に約 30 社、延べ 60 件の企業団体等からの課題をいただいた。歴史文化的な課題としては、上賀茂神社の『祭』観月祭をつくる、時宜的テーマでは、JOHNAN 株式会社の「老人福祉施設において利

2 章　大学における専門人材

注
　当時、『インターンシップが教育を変える（雇用問題研究所：原著者はリン・オールソン）』との出会いがあり、これを本学コーオプ教育のスタート時点の参考書とした。

用する器具の開発と普及策の提案」があり、これらの課題解決に、学生は成果を上げるべく、真剣に取り組んだ。O/OCF-PBL では、各年次にオフキャンパスでの活動を加えることで、オンキャンパスでの学びが深まるという成果・効果も確認している。

　実は 2002 年に本学独自に実施した「インターンシップ 3」が取組の前身だ。これは 3 年次でのプログラムが中心で、大学教育としての関わりは事前・事後学習に限定された。また、当時は受講終了後、すぐに就職活動準備に入るため、学びへの気づきが深い学習につながらなかった。これを低年次のうちから体感できるように、教育としての関わりを強くして持続性を担保する形で構想されたのが O/OCF である。

　「インターンシップ 3」から「O/OCF」立ち上げまでの約 1 年、人材育成に危機感を抱く教職員 7 名で、大学教育とインターンシップとの深いコミットをコンセプトに、教育企画検討会議を数十回重ねた。具体的には、大学教育の本質・理念・目的をベースに、実践教育を兼ね合わせようと試み、学生がインターンシップで得た「気づき」をモチベーションに学習意欲を高め、社会で必要な根幹的実力をスパイラル的に育成する授業科目に仕上げた。

　この O/OCF は、日ごろから採用視点で企業と関係する就職支援の部署から立ち上げるという構想も出ていた。しかし、教育のインターンシップこそ大学の道という視点で教学センターが担い、共通教育の正課科目として 4 年間一貫の On campus の学びと、Off campus の学びとを融合させ、O/OCF が 2003 年に完成した。

学内の理解は議論の積み上げ

　プログラムが完成したものの、実際に開講するにはシラバスをはじめ、各種学内のコンセンサスが必要である。その役割は、筆者に集中した。スライド投影機を抱え学部を

渡り歩き、何度も教員を対象にプレゼンテーションを繰り返し、質疑に応じた。今ほどインターンシップが浸透しておらず、理解を得ることも困難を極めた。

「就業体験をどう成績評価するつもりか」、「担当教員の中期、年次構想はどうなるのか」、「学生自らが受入企業を開拓できるのか」など厳しい質問が続いた。学部の側も真剣なのだ。だからこそ、度重なる議論を経て徐々に理解は得られていった。そしてある教授会でのこと。

「大学教育として取り組むべきこととして正しいかは未だ分からない。しかし、**これだけ強い信念と覚悟をもっているならばこの教育に賭けようではないか。**」

全身の力が抜ける思いだった。

受入者との折衝に光明、サンドイッチ教育

実現への道のりはまだ半分。産学連携教育には、相手がある。多くの企業に受け入れ打診を行ったが、当初は「大学は学生教育を放棄したのか」、「うち（企業側）のメリットが見当たらない」など、反応は手厳しいものだった。インターンシップが産業界に十分浸透していなかったことに加え、就職関係でない教学部門（教学センター）のスタッフメンバーでの交渉は、どうしても教育視点で語るため容易でなかった。そこで、受入企業先等を京都に限らずに、近畿圏内外に範囲を広げ、粘り強く折衝を続けた。行政からも協力を得て、有望業界並びに人材育成に熱心な企業などの紹介を受け、企業開拓の糸口を見出していった。

O/OCFプログラムを進めるにあたり、意を強くする出来事があった。イギリスの**サンドイッチ教育**との出会いだ。世界ではこれがある種スタンダード化していることを知り、自分たちの考えが間違っていない、むしろ世界標準に近い正しい道であることを確信した。本学の「日本型コーオプ教育」の出発点でもある。

その後、2004年度に日本型コーオプ教育プログラムと

ここがポイント
筆者はスライド投影機を抱え学部を巡って説明にあたったという。新たな取組は常にこのような強い信念と覚悟によってはじめて実現する。

ここがポイント
産学連携教育は奥が深い。米国のコーオプ教育、英国のサンドイッチ教育（座学と実践を交互に配置したカリキュラムからなる）、ドイツのデュアルシステム（中世のマイスター制度の流れを汲む資格連動型の職業訓練教育）など、欧米各国で特色を生かした取組が存在する。だからこそ、日本型コーオプ教育なのだ。

して、O/OCF が文部科学省の現代 GP に採択されると学内外での認知は一気に深まり、キャリア形成支援とコーオプ教育の組織的、本格的な取組が加速した。

組織体制の構築から視野を世界に

O/OCF が軌道に乗ると、さらに加速させるべく学内の組織体制の構築に着手した。その成果が 2005 年の「キャリア教育研究開発センター」の開設である。教育実践、研究開発、運営管理という 3 部門を設け、関わる教員は、通常の学部からの選任ではなく、個別に打診（一種のスカウティング）した。かようなセンター開設で重要なのは、**構成員の人選**である。やる気に満ちているエース級の教職員を選び出し、さらに担当者間の知識習得等を共振的な人材育成（教職協働での勉強会）を図り、組織基盤と運営する人材の養成がその後の展開を大きく左右する。

センターはその後、世界唯一の産官学連携教育の団体「**世界産学連携教育協会（WACE）**」が主催する世界大会を本学にて開催が決定したのを機に「コーオプ教育研究開発センター = Center of Research & development for Cooperative Education」へ改称。キャリア教育から脱却し、大学教育としてのコーオプ教育 = 専門教育と連携ができる教育環境への船出と共に、より運営組織の強化・充実体制を整備した。

学修意欲の低下にファシリテーターで対応

O/OCF は 6 期生まで取組を推進し、産官学連携教育の効果を実感するにいたったが、それと同時に全学的な教育面での課題も浮き彫りになっていた。

そのひとつが、一部の学生ではあるが学修意欲の低下である。

そこで、「キャリア・Ｒe-デザイン科目」に**ファシリテータ**（学習支援者）を導入し、一人ひとりの学生に合った「気づき」を促している。会議運営のプロとして、個々

ここがポイント
キャリア教育系のセンターを立ち上げた際、筆者は職員系列の管理者であり、人選にも大きく関与したと認識して開く。案外これが成功の真の秘訣なのかも。

ここがポイント
産学連携研究分野は数多いが、WACE は世界唯一の産学連携教育学会。米国で誕生し、産業界との距離が近い。隔年で地区大会、世界大会を開催しており、近年は東アジア諸国の活動が顕著。世界の目がどこに向けられているのか、参加すれば手に取るように分かる。

注
ファシリテーションとは、「促進する」「助長する」という意味で、一般的には効果的な会議等を行うための技術・手法を指す。

の能力を引き出し、チームワークを作り、まとめ上げて、目標の達成を促すことが役割で、教員だけでなく学部の学生窓口などを担当する事務職員も授業に入ってこの役割を実践する。さらに、修了学生も加わり授業運営に参加するようになっている。

取組の課題

　組織ができても、動く、動かすは人である。建学の精神の具現化した教育としての暗黙知と情熱と感性と根気と本気が備わった土壌・風土・文化があって本物になる。さらに、次なる高みを考えるとき、重要なことは産官学連携教育の全国的な認証制度（組織（人）と教育プログラムの質保証を含めた）を設け、質の高い教育プログラムの担保には欠かせないと考える。質向上への近道と共に、グローバル化社会にも適応し、信頼される教育プログラムの一手だと思う。

ホントはどうなの!? 執筆者のホンネ

　京都産業大学のコーオプ教育は、海外のモデルを取り入れたものではなく、大学教育の効果を高めるプロセスの中から自然発生的に生まれたものである。背景にはやはり、危機感がある。少子化や急速に進む高等教育改革の波を受け、教職員には共通の危機意識が芽生えている。それがなかったら、あの投影機を抱えての各学部折衝は結実することもなかったろう。

　コーオプ教育研究開発センターは今や精鋭ぞろい。これは筆者の自負するところ。日本初の世界コーオプ教育協会(WACE)世界大会開催校となれたのも、こうした若手研究者の研究成果が大きく寄与している。

京都産業大学

ここが着目点！
編集代表による解説

　筆者は、本書の分類上、管理者タイプの専門人材そのもの。スライド投影機を抱え学部を巡り、キャリア教育研究系のプロジェクト等の立ち上げに際しては人選に強く関与。肩書の「理事・学長特命補佐」が飾り文字でないことは、すでに読者の皆さんお分かりのことでしょう。

　今や京都産業大学は日本のコーオプ教育の最先端大学に位置付けられます。大学の成り立ちからして実践的な教育に親和性があったのでしょうが、近年の独創的な活動ぶりは注目を集めているところ。とりわけ日本型コーオプ教育というコンセプトを明確に打ち出している点については、海外からの視線も熱いようです。「産業界の固有な採用システムを抱える日本で、どのような長期インターンシップ（コーオプ教育）が登場してくるのだろう」という期待感なのでしょう。

　編集代表はもう一つ、注目しているものがあります。専門人材の育成です。教員では中核組織（コーオプ教育研究開発センター）をベースに若手研究者を着実に育てつつ、かたや職員系列では任期制職員の専任登用制度を本格導入しています。才覚に満ち、やる気溢れる契約職員さんを段階を経て中核的な専任職員へ引き上げようとする試みです。産学連携教育の基礎は、人。つまり優れた教職員をどれほどそろえているのかで、取組の到達レベルが決まってしまうわけ。この大学で教職員が真に高度専門人材として活動し始めた時、きっと日本型コーオプ教育のひな形が誕生していることでしょう。

　とはいえ読者の皆さん。かような先駆校もその高度な取組も、そもそもは一職員が「俺がやらねば誰がやる」と一念発起した時から始まったのです。すべての始まりは、人なのですね。

調整型：教職員系

高知工科大学

【大学概要】
(平成27年5月1日現在)

住所：〒782-8502　高知県香美市土佐山田町宮ノ口185

学部：4学群

（システム工学群、情報学群、環境理工学群、マネジメント学群）

教職員数：242名

学生数：2,404名

学校種：公立大学

お 悩 み チ ェ ッ ク

立地等への悩み	産業基盤の乏しい地域にある	○
	複数キャンパスでまとまりにくい	△
組織への悩み	小規模大学で手が回らない	◎
	縦割り組織で困っている	○
	学部や研究科の中枢ほど産学連携を軽視する	○
	中核的組織センターがない、機能していない	○
教育への悩み	魅力ある取組を開発してみたい	◎
	複合的な取組を検討したい	○
	教育に対する評価を導入したい	◎
マンパワーへの悩み	やる気のある教職員が孤立気味だ	◎
	民間企業に業務が丸投げされている	○
	職員の協力がなかなか得られない	◎
学生への悩み	学修意欲が低く手を焼いている	△
	大学の窓口を利用してくれない	△

高知工科大学

取組の概要

開学以来、トップダウンで ユニークな試みが

高知工科大学では、在学中に 70% 以上の学生がインターンシップに行く。「3 年生の夏休みはインターンシップが当たり前」という意識が自然と醸成されている。開学当時よりインターンシップは正規科目であり、約 2 週間の実習で 2 単位を取得できる。短期間でも、社会人として働く意味は、就職活動に際して自己を見つめる良い契機になるという考えに基づく。

本学は 1997 年開学の若い工科系の大学である。公設民営大学として設立され、平成 21 年度までの 12 年間は私立大学として運営された。2008 年には 2 学部制に移行し、2009 年には[㊟]全国初の「私立大から公立（県立）大への移行」が断行された。

[㊟]設立当初から続くユニークな運営に加え、トップダウンにより毎年めまぐるしく様々な試みが行われてきた。

複数教員で展開する正規科目インターンシップ

正規科目の「インターンシップ」は80% 以上の学生が履修届を提出する。3 年次配当（マネジメント学群は 2、3 年次の複数配当）だが、履修学生群について、各学群・系の開講科目としてのインターンシップ担当教員（各学群・系から複数の教授・准教授等が担当し[㊟]教育講師 1 名が必ず加わる）が面倒を見る。

運営はインターンシップ部会が担当する。平成 27 年度は、教授・准教授・講師が 7 名、教育講師 5 名、職員 7 名の計 19 名体制である。履修届提出後の 4 月から、全履修学生への準備講座が始まる。初回は通常の講義にない社会人意識付けのガイダンスと、就職支援課からの履修の流れや実習先希望カード提出までの事務連絡。第 2 回には、先輩からの体験談紹介と実習先決定から実習本番前の流れの説明、第 3 回は「人・みらい研究所」から講師を招いてのビジネスマナー講座、第 4 回はマナーテストと直前ガイダンス。第 3 回以降は各学群・系に分かれる。

㊟ 開学時は県が建物を整備し運営は私立大型とする「公設民営大学」、2009 年 4 月より公立大学法人高知工科大学に移行、さらに 2015 年 4 月に高知県立大学と法人統合し、1 法人 2 大学体制に移行した。

㊟ 4 クォーター(学期)制、全科目選択制、学生のキャリア教育を担当する教育講師制、学びの拡がりと専門性を両立させる学群・専攻制、1、2 年次基礎科目の習熟度別開講、全学年で担任を持つアドバイザ制によるきめ細かい指導、2 年次からの研究室配属を実現するアドバンスト・プログラム、学生からの授業評価を反映させる教員評価システム等。

㊟ 教育講師は、生徒―学生―社会人へのスムーズな接続を担う専属教員。全学で 10 名程度。主に企業の開発部門出身の早期退職者や中高での指導経験をお持ちの方を公募、人生経験豊富なシニアがほとんど。企業と大学をつなぐ役割も大きい。

2 章　大学における専門人材

本科目は、同じく3年次配当科目で専門性に合わせて就職先の研究と各学生とのマッチングを探る「キャリアプラン1」（2単位）と密接に結びつき、同科目担当の教育講師の一部がインターンシップ担当も兼ねる。いずれも水曜日に開講しスケジュールは入れ子のように配分されているため、意識せずともインターンシップにスムーズに入れる時間割上の配慮がなされている。

学生の自主開拓も企業と連携し単位化

実習先は、大学提示枠か「自主開拓」企業か、いずれかを学生が選定する。枠内希望の場合、第3希望までを理由書をつけて提出、その後は希望順位や学群・系へのマッチング、学生自身の成績等を基準にセレクションされ結果が学生に提示される。

自主開拓の場合も単位認定のため、企業には「評価カード」の評価記入を依頼し、学生自身は「実習日誌」を携帯して毎日記入し、企業側担当者からのコメント交換を行って日々の改善点を見出しつつ実習する。期間は2週間（実質は平日10日間が一般的）以上とし、それ以下の場合、学生は**複数個所に実習に行く or 1枚／不足日相当の企業研究レポート提出で単位認定の基準到達を目指している。**

実習後の3クォーターには、各学群・系にてインターンシップ報告会を行い、各学生はパワーポイントで資料を作り、同時期に配属となる研究室の指導教員や先輩学生の前で、最初のプレゼンテーションを行い指導教員からの評価を得る。これに加え、企業から就職支援課に戻される評価カードへの記述内容を勘案し、事前学習時の出席等を踏まえて最終成績を出す。

学生から見れば、実習での単位取得は一見イージーに見えるが、実際は事前・事後学習への出席や、意気込みを書く「企業実習生カード」など実践作業も多く決して楽ではない。

ここがポイント

学生の自主開拓インターンシップを単位化する試みは、企業主導インターンシップが波及する昨今、他校も大いに参照されたい。課題の一つ、実習期間不足について、複数実習に誘導する「力技」が紹介されている。さらりと書かれているが、教職員の労力に脱帽。

高知工科大学

取組の経緯

教員はあらゆる教育ニーズへのプロたるべし

　本学では、1997年の開学当時からカリキュラムにも多くの工夫が織り込まれてきた。学びをすぐに評価できる4クォーター制、高校での記憶型学習から大学での思考・実践型研究へと意識をつなぐ「スタディ・スキルズ」の1年1クォーター開講、1、2年次の数学、英語、物理学、情報科学などの習熟度別の授業、1、2年次からの実験・セミナー等の少人数教育の実施、学生から社会人へのつなぎを意識させる「キャリアプラン」の2、3年次開講、主に3年次における「インターンシップ」の開講、研究室における専門人材教育と専門を踏まえた複数教員による就職指導、などである。

　それぞれのカリキュラムは、当時の教員が現状に悩んで解決してきた経緯を持っている。インターンシップは、実習的内容にて単位取得できる「お買い得感」からか履修率が高く、過半数の力として効くため「インターンシップに行くのは当たり前」という意識付けが先輩から後輩へと浸透してきた。

　学生にとって、大学にとって、または地域社会や企業にとって、インターンシップの目的は何であろうか？　言うまでもなく、学生の就職活動支援、高い就職率の維持、学生の勉学モチベーション向上、地域社会との連携土壌の醸成、専門的職業と希望人材とのマッチング、など多くが挙げられよう。大上段に立てば、教職員はこれらを達成する役割を担っており、そのプロたるべきである。

地方、私立、単科大の三重苦が意識を変革

　宇宙科学を専門とする私にとっても、キャリア教育は専門外である。最初に学生のインターンシップに関わった仕事は2003年の赴任直後であった。学科学生の実習参加のため企業窓口を幾つか担当してほしいという依頼だった。大学のあるべき姿は常に変貌し、私が学生時代だった約20年前と比べても大きく変わってきたが、高校生のよう

に丁寧な学生指導が必要というのが私立大当時の印象である。実際、本学は「面倒見の良い大学」としての評判を得ていた。

実際の仕事は、3社程度の実習先への挨拶（夏休みの少し前、電話でも可）および派遣学生の初回訪問前の学内指導であった。ただし、何か実習先でトラブルがあれば、最初の大学側窓口担当＝クレーム担当となる。これにより企業から見れば、何かあれば教員にクレームをつけられる状況が実現し、大学側では例えば1名の担当者が全派遣先の窓口担当となる等の理不尽な状況は回避される。

「このような雑務も現代の大学教員の仕事か」と率直なところ嘆息したが、当時、高知県という地方立地に加え、私立・単科大（その後、公立大・2学群体制に移行）という学生募集の観点では三重苦の状況にあった本学の生命線は高い就職率にあった。だからこそ、全教員が3社ほどの窓口となる雑務程度は当然のこととして受け入れられた。

これらの雑務が教員に受け入れられた要因のひとつに、本学独自の教員評価システムがある。教育・研究・社会貢献の3つを柱とする点数化によって教員の年俸が確定する。教育では学生からの授業評価平均値に加え、指導学生の論文指導・学会発表・就職確定等が、研究では学術論文掲載・国際会議発表・特許取得・外部資金取得等が、社会貢献では一般講演・県内機関への専門性の提供・マスコミ媒体への記事掲載等が評価対象となる。研究のみでなく、就職支援を含め大学教員としてのバランスよい仕事ぶりを**総合的に評価する**のが基本姿勢だ。

教員と職員が対等に熱い議論、それが固有の文化

さてその後、私は学科内の「企業実習」（後に「インターンシップ」に改称）担当のサブとして仕事分担を依頼された中で本格的にインターンシップ運営に関わるようになる。歴史の浅い本学では、開学当初からトップダウンで「大

ここがポイント

教育評価は意外に浸透しつつある。課題は評価項目。学生による授業評価を加えたら、学生が遅刻しても欠席してもニコニコしている先生が増えた、なんていう笑えない話もある。

高知工科大学

注

例えば就職センターでは就職指導業務に関わる内容が議論され案が確定する。案はセンター長より最高決定機関の教育研究審議会（教授会ではない！）に奏上され議決される。

ここがポイント

「教職協働」が謳われて久しいが、実像は不透明だ。「なんで我々には弁当が出ないんだ」と怒り心頭の職員さんを目撃したことも。真の協働の姿を目撃したい方は、高知工科大学を視察されてみては？

2章 大学における専門人材

学のあるべき姿」を目指す意識が強くあり、他学にないユニークなシステムが数多く試みられ定着した。

その1つに、教員と職員（事務方）が共同で担う教育センター、就職センターなどの⑩各種センターの存在がある。教職員は、いずれかのセンターの運営への参画がほぼ義務付けられている。各センターの会議は、**教員と職員が対等な目線で議論を交わす図式が定着**しており、会議運営は形式的ではなく、是々非々の熱い議論が交わされる。振り返れば、教員と職員がお互いをリスペクトし対等な立場で議論できる環境の構築は、良好な大学環境を生んできた1つの原動力ではないかと思う。この文化を醸成した開学当初の教職員たちの意気込みが感じられる。

毎年3時間ぶっ通しの部会で枠調整

本学は1学年の学生数500名ほどの小規模大学であるが、インターンシップ履修率下限を70%とすれば毎年350名もの学生を実習先に送り込まねばならない。教職員が学生からのボトムアップのプレッシャーを得た大きな背景は、高い履修率に拠る。

学内でのインターンシップ運営は、就職センター配下のインターンシップ部会が担当し、学内外の関連する事務的事項を一気に議論する。会議自体は年4、5回の開催で、他にメーリングリスト上での情報交換が時々発生する。私は、赴任2年目より「企業実習」担当教員（担当3名の1人）となり、同部会に参加することとなった。部会長は年度毎に互選で決まる仕組みだが、たまたま連続して部会に参加していた経緯で、その数年後には部会長に選任され、その後、部会長を継続担当している。

同部会では膨大な量の学内調整をしつつ、インターンシップを運営しなければならず、利害の衝突する第2回の同部会では毎春3時間ぶっ通しでの枠の調整が続く。この膨大な作業では、まとめ役の部会長ではなく、就職支援課

の事務職員による周到な資料準備や教育講師の先生方の働きによる功績が大きい。

　ではそもそも膨大な実習先はどう確保するのか？

　初期の実習先企業の開拓では、企業出身の教員が比較的多い工学系大学の土壌も功を奏したとはいえ、相手先のある話のため、実習先の確保は非常に地道な仕事となる。毎年の履修学生は、大学が実習先リストとして提示する枠から、希望する企業名を理由とともに第3希望まで提出するが、ここで学生は自らが行ってみたい企業や出身県の企業など既存枠にない企業に直接訪問し交渉成立すれば「自主開拓」として、その枠を使った実習もできる。

　自主開拓された企業へは、翌年にも実習先の枠として引き続き本学の学生を送り込めるかを就職支援課より問い合わせる。教員も、普段から付き合いのある企業、卒業生の就職先企業など、受け入れ可能性のありそうな企業に対し個別に声をかけ、一歩ずつ実習先を確保していく。学生、職員、教員が一体となった地道な取り組み無しには350名の枠は確保できない。

日々変わり続けることが、何かを生む

　私がインターンシップに関わり始めてから太陽の周りを木星が1周した。12年、東アジア的に言えば干支で一周りである。ある分野を10年続けて研究すると専門家と言われ始める。私はすでにインターンシップのプロであろうか？　そんなことはない。いまも日々手探りの状況である。雑務が増えて首が回らないのは日常であるし、学生に代わって職員とともに実習先に頭を下げに行ったこともある。

　インターンシップに関わらず何でも同じかもしれないが、重要なことは、何か些細でも改善点を日々イメージできること、変わり続けること、トップダウンの決断、ボトムアップの圧力、お互いのリスペクト、そして大学全体と

しての危機感を共有できるかどうかにある。危機感は大学全体のベクトルをそろえ、些細な不和をなくし、大きな合力を生む。学生も卒業生も地域の企業もそのベクトルに加わる。各大学・部署のスケールメリットを生かした人と人とのつながりは新しい何かを生む。

　学生にとってはそれが就職という人生の展開かもしれない。教員にとっては新しい研究開発のきっかけかもしれない。職員にとってはステップアップの種かもしれない。若手の企業担当者にとっては指導者側の目線を得るチャンスかもしれない。そうやって説得して海外にさえも協力者を生む。それが大学というコミュニティに期待されている役割の1つではないかと思う。もしも全ての役割がなくなったら、そのとき組織は社会にとって不要となろう。

取組の課題

　課題は山積だ。まず実習先と学生希望先のミスマッチ。本学が私立大学時代に基礎を築いた、高い就職率の維持や就職モチベーションを高める点を意識した「仕事なら何でも体験型の実習」から、「専門性を高め学生の平均像やニーズの変化にあった質の高い実習」への変革が必須だ。国際社会で活躍できる人材輩出に向け、海外を実習先とした「海外インターンシップ・プログラム」を平成25年度より開始。部会長として、多くの潜在的価値と課題を感じている。

ホントはどうなの!? 執筆者のホンネ

　インターンシップのプロとは？　職業訓練大学とは？　そのようなカテゴリを設けるべきではない。自然に、学生のことを考え、何が問題で何が必要かを考える。そのつもりでうまくいかないなら、学生目線で考えられていない、大学（上から）目線を払拭できていない。全大学の教職員が学生目線になって初めて、安心して研究にも邁進できる。研究だけ、職業訓練だけの大学では問題だ。いま、偏差値や学歴のみで人物を評価しようとする旧態を変えられない日本システムと戦っているだろうか。内なる戦いの間に、世界の枠組みは変わる。目先だけを追いかけた結果、日本だけが置いていかれないよう、注意したい。

高知工科大学

ここが着目点！
編集代表による解説

　「高知工科大学は、特殊すぎる」という声を聞いたことがあります。日本初の私大から移行した公立大学は、確かに成り立ちからしてユニーク。まるで高知工科人という巨人が既存の壁を崩し進撃するような迫力と勢いを、カリキュラムにもインターンシップにも見ることができます。

　でも、何といってもこの大学の真骨頂は「教育評価システム」でしょう。日本の大学界の七不思議の一つが、教育評価実質ゼロの真実。教員は本流に近づけば近づくほど研究業績のみで評価されます。さすがに昨今、一部の大学では教員採用の際に模擬授業をさせて教育資質のチェックを行うようになりはしたものの、それが下手だったから採用を取り消された、なんて話はあまり耳にしません。

　結果、教育に熱心な先生の身に何が起こっているか。大変な労力をかけて授業の準備をし（研究室で一人予行授業をしていたら後日、清掃員に「不気味な先生」と噂された実話も）、楽しく深みのある授業を展開、インターンシップでも就活でも面倒見良い先生の研究室は連日、学生の行列が。お隣の真逆のセンセのお部屋は閑古鳥。先生が学生対応に追われる壁一つ向こうで、センセはひたすらご研究に没頭。で、その年の教員評価はセンセの圧勝なのです。研究論文の数も学会発表の本数でも。

　こうした根本矛盾に一石を投じたのが、高知工科大学です。ゼミ単位で就職実績もきちんとカウントされ、ポイント化され給与に反映されます。本編の筆者のように、教育評価の高い教員は一部会メンバーから部会長に登用され重用されるのです。

　ほんのごく一部の研究大学を除けば、教育評価システムこそ生き残りをかけた命綱のはず、と思うのは私だけでしょうか。

調整型：教職員系

岩手県立大学

【大学概要】
（平成27年5月1日現在）

住所：【滝沢キャンパス】〒020-0693 岩手県滝沢市巣子152-52

【宮古キャンパス】〒027-0039 岩手県宮古市河南1-5-1

学部：4学部

（看護学部、社会福祉学部、ソフトウェア情報学部、総合政策学部）

2短期大学部（盛岡短期大学部、宮古短期大学部）

教職員数：427名

学生数：2,625名

学校種：総合大学

お 悩 み チ ェ ッ ク

立地等への悩み	産業基盤の乏しい地域にある	◎
	複数キャンパスでまとまりにくい	◎
組織への悩み	総合大学で認識の共有が大変	◎
	縦割り組織で困っている	△
	中核的組織センターがない、機能していない	○
教育への悩み	魅力ある取組を開発してみたい	△
	他大学と連携したい	◎
マンパワーへの悩み	やる気のある教職員が孤立気味だ	◎
	民間企業に業務が丸投げされている	△
	職員に業務が押し付けられている	△
	職員の協力がなかなか得られない	△
学生への悩み	大学の窓口を利用してくれない	○

岩手県立大学

取組の概要

複数大学が連携する インターンシップ

　盛岡市を中心に岩手県内全域を対象としたインターンシップ制度の企画運営を行う。制度を利用するのは本学だけでなく岩手大学、盛岡大学の県中央部に位置する３大学。企画運営組織が単独であるわけではない。平成25年度より本学が幹事大学となり３大学の建設的な連携のため、各意向を取りまとめる。バランスや調和に配慮した第三者的コーディネート機関の視点と本学における効果や成果を追求する視点の両立を目指す。

　インターンシップには様々なステークホルダーが存在する。ここでは、学生を受け入れてくれる組織（以後、実施事業所）、参加する学生、（以後、参加学生）、連携している大学（以後、連携大学）の３つの項目で整理する。

受入者のニーズに応え、期間中と修了後に報告

　実施事業所は、行政機関、公共機関、NPO法人、民間企業、各種施設など多岐にわたる。民間企業は必然的に新幹線沿線の市街地が多くなるが、学生ニーズの高い市町村役場などは、学生の出身地で実施できるように全市町村に依頼している。一度依頼した事業所へは、以後継続して依頼することとなる。平成27年度は、本学では卒業生の入職実績のある事業所など、各大学からの要望を集約して新規開拓に努めている。

　依頼は、あえて学年を限定しない。短期大学部を併設している本学の事情や、参加大学によって送り出したい学年が異なるためである。実際本学でも学年を限定していない（単位認定のものを除く）。実施期間は５日間以上で依頼するが、平成27年度は前年度よりも平均受け入れ期間が短い傾向が見られるため、成果・効果への影響を心配している。実施事業所から承諾を得られるとインターンシッププログラムの目的や半日単位でカリキュラムの作成を求め、学生に事前に提示する。実施事業所には負担となっている面も否めないが、人手不足の部署の業務補助にならないよう、

2章　大学における専門人材

岩手県立大学

人材育成の観点を意識してもらう上でも必要だ。

平成26年度からは、学生の参加中の日報と修了後の実施レポートを実施事業所毎に報告することとした。先の目的設定や受け入れの**カリキュラムを真剣に検討してもらった事業所ほどその結果を知りたいはず**で、事業所の事前の想定と学生が最中または事後に認識した事柄のギャップの確認を目的とする。

参加意欲を失くさぬよう配意

参加学生は、単位の取得を目指す学生と、単位に関係なく参加する学生とに分かれる。全学では単位取得に関係のない課外活動として、事前学習と実施中、実施後の課題の提出、さらに事後学習を参加学生全員に等しく課している。単位認定を行う学部は、全学での取組に加えて学部固有の事前や事後の学習機会や追加の課題を課すことで単位を付与する。単位数や卒業単位に認められるか等も学部によって異なる。

参加学生は参加したいインターンシッププログラムを必ず第3希望まで選ぶ。原則その中で決定した実施事業所に応じて目標設定と実施事業所の事前調査を行う。第3希望内でマッチングできるように配慮するが、できなかった場合は参加意欲をなくさせないように代替案を示した再募集の機会を設ける。

なお、学部生と短期大学部生ではカリキュラムも課題も、同一の取組を行うがこれまでは特に問題にはなっていない。

平成26年度から3大学が参入

連携大学は、重層的で、本学内でも地理的には離れている滝沢・宮古キャンパスの学内連携、前述の盛岡市周辺の3大学の岩手県内連携、加えて平成26年度から山形大学、会津大学、桜の聖母短期大学との東北地域連携に順次発展してきている。

ここがポイント

産業界と連携する際、大切なのは大学がプログラム案をまず示すことにある。受入者の規模や業態を事前にリサーチし、相応しいメニューを提示する主体性がほしい。よく練られたプログラム案は、相手のやる気を喚起するものだ。

2章　大学における専門人材

109

岩手県立大学

取組の経緯

赴任早々の決断、それが大学連携

2015 年現在は、大学が主体となって企画運営するインターンシップとなっているが、それは平成 23 年度から形作ってきたもので、それ以前は岩手県経営者協会と岩手労働局の事業であった「**⑳インターンシップ（就業体験学習講座）支援事業**」を利用していた。いわゆるコーディネート機関に用意してもらった制度を利用するという点では本学もお客様意識でよかったが、その状況は平成 22 年度で終わる。

平成 22 年度は委託事業としての予算措置終了に伴い経営者協会が主催者から抜け、1 年間限定を予告する形で岩手労働局単独事業として行われた。本学を含む参加大学はこの間に、新しいコーディネート機関の出現を期待していた。しかし、年度末近くになって正式に平成 23 年度の事業実施がないことが文書によって通知され、残念ながら代わりの救世主は現れなかった。直接的にも間接的にもコストのかかる話に他人事や人頼みで奇跡は起こらない。筆者が赴任したのはこのタイミングだった。

それでも奇跡は起こせない。赴任したばかりとはいえ、県立大学という立場で人に覚えのある県の労政、雇用の担当部署に行ってみたものの予算化されていない事業をできるわけもない。しかし、就業力育成全般をミッションに本学に赴任した者として、その手段としてインターンシップはどうしてもほしい。個人的にもそう決めていたし、本学の担当職員も制度としてなくしたいとはもとより思っていない。ここで本学だけの自主企画ということも頭をかすめるが、これまで同じ制度に相乗りしていた状況で困っているのはどの大学も同じであるし、学内だけで動かすにはどの程度マンパワーを預けてもらえるのか見込みも持てない。

そこで、これまでの制度の利用大学による共同企画、運営という道を決断した。その際、特に恐れたのは「昨年まで一か所から依頼されていたのにあちこちの大学からバラ

注

岩手県内の 260 事業所（2009 年）を受け皿に、県内の 8 つの高等教育機関からと県外からの参加もコーディネートしたインターンシップ制度。統一会場での事前・事後研修会や報告書の作成も行われていた。

2章　大学における専門人材

バラ頼まれて煩雑だ」と地元事業所に言われてしまうことだった。

岩手大学が幹事校を引き受ける。ありがたかった！

具体的な連携のスタートは、22年度末から23年度初めにかけて盛岡市周辺の連携を決めた3大学の担当者の集結だ。制度転換の初年度ということもあり、集まった大学の中では一番規模も大きい岩手大学が取りまとめ役の幹事を引き受けてくれた。特に事業所との当面の窓口を一手に引き受けてもらえたのは、正直とてもありがたかった。

4、5月は年度初めでただでさえ忙しい。そんな中で検討時間も準備期間も十分にないまま、4か月後に迫った平成23年度のインターンシップを実施するために、その年は前年の資源を引き継げるものはそのまま引き継いで行う。それはやむを得ない現実的な選択肢でもあった。私も検討に加わると、対事業所にしても対学生にしても気になる点は多く見受けられた。大学側の事務手続き的には許容できても、事業所が求める費用対効果や学生への教育効果の点では変更したい。ただ正直時間がないので、特に先行する事業所への対応はそのまま進めるしかないことのほうが多かった。

「Open & Share」の精神で連携ルールを設定

合意を取り付けて変えたのは、企業と学生のマッチングである。どの学生がどの事業所で実習を行うのかは前年まで主催者が決めていたため詳細はブラックボックスだった。学生には志望理由を書かせるものの大学には申し込み順で取りまとめるように指示があり、先着順であったことも想定された。応募の早い学生はやる気があることが推測されるが、一週間程度のインターンシップでは、やる気がある学生以上にやる気を見出す学生を増やしたい。そのために本学ではインターンシップへの参加にしても事業所の

岩手県立大学

選択にしてもなかなか決断できない学生も大切にできる制度を Open & Share のコンセプトで考えた。

結果、事業所ごとの受入定員を連携する大学も納得できるルールで按分できるようにし、按分された定員に対する学生の決定は各大学に任せることにしたのだ。幸い連携する2大学からは比較的容易にこの趣旨に賛同してもらうことができた。以来、この連携インターンシップ制度の重要なファクターになっている。

学生の特性に照らしトータルプランを構築

参加学生に対しては、インターンシップを単位取得の有無に関わらず、点ではなく線や面でつながっているように見える工夫を試みた。平成22年度までの様子だと数日間の職場での体験に参加する、ただその1点がインターンシップであり、事後に「参加して良かった」という抽象的な「感想」に集約されるような学生が多かった。何がどのように良かったのかという単純な質問にすら言葉に詰まる学生が少なくなかった。

そこで、ガイダンス形式で行う学内事前学習と実施事業所での体験、事業所での体験についての日報や報告書、アンケート（取組の自己評価を含む）の提出、学内事後学習、これら一連の取組全体をできるだけまとめて提示した。この活動をトータルで「インターンシップ」と呼ぶといった見せ方である。本学は大変素直で真面目な学生が多く、こちらが確信を持って学生のためになると判断したことは**「そういうことになっている」と強く提示**するとそれを行うことが当たり前になりやすい良い面がある。これは、公募のものに応募する、あるいは自己開拓する学生にも等しく適用を目指した。

「細かすぎる」くらいの日報とレポート

一方、報告書の作成についても大きく変更した。これま

ここがポイント

学生の自主性、主体性を育むのがインターンシップだが、社会のルールを知ることも大切な学習課題。ホウレンソウ（報連相）もそのひとつだ。

ではＡ４で１枚程度の感想文のような代物だった。分量も密度もバラバラ。提出されないものも少なくない。これを全員提出とし、半日単位で取り組んだ内容を列挙させ整理をする「日報」と、終了後にこちらが提示した設問ごとに情報をまとめて考察する「実施レポート」という２つに分けた。

大学生であれば本来設問など不要であってほしいが、個人に任せるよりも制度の目的に照らして事前に視点を提示したほうが体験学習のサイクルが回る学生が増える。さらに第三者には読みやすくわかりやすくなるため24年度からは公開を前提に記入させた。次年度以降の参加希望学生がインターンシップの 内容と先輩の取組を知ることのできる貴重な資料となりインターンシップの浸透にも貢献した。

26年度からは実施事業所にも参加学生分の日報とレポートを送り、プログラムの効果検証に使われていることを期待している。ここでは自己評価とまったく同じ評価項目、基準によって事業所に評価してもらい、学生本人にフィードバックする。社会の厳しい評価に晒されてやる気を鼓舞されるとか、甘い評価レベルを修正されることを想定していたが、目論見が外れて**学生の自己評価のほうが低い**傾向が２年続く。来年度は少なくともフィードバックの方法を工夫しなければいけないと考えている。

実務者経験教員の顔ぶれで良好な意思疎通

学内では25年度から２学部においてインターンシップを単位化することになり、それぞれの学部にインターンシップ担当教員や検討のための部会が設けられた。学部内での担当教員はすべて民間企業や団体職員経験者、自身がインターンシップの受入経験のある教員も含まれる。そのため意思疎通もスムーズでニュアンスもやはり伝わりやすく大変助かっている。

 ここがポイント

体験型学習では、事前に比べて事後に学生の自己評価が低下することがままある。その多くは、己の非力さ、至らなさを思い知った「成果」だ。目論見ははずれたのか、合致したのか、検証が必要だ。

平成25年度より連携大学を取りまとめる幹事を本学が務めることとなった。このときから事業所向けの対応も積極的に見直して現在に至る。問題がない程度に手続きの簡素化を目指し、その分を機能停止していた新規の受入先事業所の開拓にまわした。独自に囲っていた^注IPU就業サポーター企業からの受入枠も連携大学に開放することとした。その流れが今日、東北地域内での大学連携に範囲を広げ「^注インターンシップ in 東北」というサイトを立ち上げるまでにつながっている。

注　平成23年度に立ち上げた岩手県立大学独自の企業ネットワーク。学生の就業力育成について賛同いただけた企業、経済・地域団体など160社で構成（平成27年8月現在）。
　インターンシップの他、講義協力、ＰＢＬにおける協同・評価等を支援。

注　平成26年度に検討、準備、27年度から運用を始めた東北地域におけるインターンシップ情報の発信、運用のためのポータルサイト。事業所による情報登録と学生の参加受付の両方の機能を備える。地元でのインターンシップ実施拡大を目指す。
http://tohoku-is.jp

取組の課題

　マスで募集して実施する1週間程度のインターンシップとしては、もっと参加者を増やしたい。変化と面倒を避ける傾向になりがちな学生が、それでも自分で足を踏み入れ、一連の取り組みで知らないうちに足腰が鍛えられ、次へのフットワークも軽くなる。そんな周到な仕掛けをどう施せばよいか。目的でなく手段であることもわきまえて、インターンシップの意義を疑う教職員も納得するそんな教育プログラムにどうしたら近づけるか。課題は尽きない。

ホントはどうなの！？ 執筆者のホンネ

　「多大な労力をかけてたった一週間程度のインターンシップで何が変わるのか、抜群に能力が高まるわけではなく気づきが中心なら、1日間のジョブシャドウイングでも十分ではないか……」。日頃インターンシップの拡充と言っていながら、同時に心で呟いている。よかれと思い、あれを企業に報告しよう、これを学生にフィードバックしたいと言えば、たちどころに仕事仲間の業務は増えていくし、当然自分の首も絞めることになる。面倒7割、不安3割で達成感を感じられるのはほんの一瞬。しかし、なぜかその瞬間を過大評価してしまう自分がいる。

岩手県立大学

ここが着目点！
編集代表による解説

　本書は日本全国の大学から原稿が寄せられています。当然、そこには地域色というものが見え隠れ。本編を流れる少し暗めの雰囲気。ちょっとしっとりした空気感。筆者が東北人だなぁ、とつくづく思い知る文章です（東北地方の方々、怒らないでね）。

　本編の立ち位置は、大学間連携。岩手県下の3大学は全国屈指の連携を実現しています。その噂を聞きつけ、新たな大学が参加し始めているのです。筆者は一文字も記していませんが、本業の傍ら、文部科学省の産業界ニーズ事業テーマＡ（大学間連携）事業に関わる全国の大学を数多く訪ね、丹念に情報を収集して回っているのです。「うちにも岩手県立大学さん、来ましたよ」。こんな声を幾度耳にしたことか。

　取組の経緯の最後にちょこっと触れていますが、「インターンシップ in 東北」サイトも秀逸です。従来、多くの大学はインターンシップ先を立地する周辺エリアに見出してきました。岩手県なら県下の企業を。でもよくよく考えればインターンシップの最盛期は真夏。学生の夏休みですよね。つまり帰省する学生が多々いるということ。そこで筆者はまた熟考するのです。

　「せっかくの大学間連携。これを学生目線で整理すれば、帰省中のインターンシップが容易になるのでは？」と。こうして生まれたサイトは東北地方全域をカバーすることで様々な副産物を産み出します。山形県の企業に帰省中の岩手県立大学の学生がサイトを通じて応募。意外な学生の出現に、企業担当者は「新鮮だ！」と感じたそうな。着想をちょいと変えることで、全国どこでも導入可能なシステムになるのですね。

　あれ？　いつしか解説は本編のフォロー一色に……。これぞ、東北人の底力なのかぁ。

業務遂行型：教職員系
九州インターンシップ推進協議会

【協議会概要】
(平成27年7月末現在)

住所：〒812-0011　福岡県福岡市博多区博多駅前2-9-28会議所ビル1F
加盟大学数：29大学（平成27年7月末現在）
受入機関数：406機関（企業、行政、団体、NPO等）（平成27年7月末現在）
参加学生数：1,122名（平成27年実績）

協議会方式について考える――

中立的立場から、ホンネ情報を提供する

　本書が目指す「インターンシップ運営のプロ」を養成することへの、私からのポイントは2つに絞られる。
　1つは、協議会運営だ。地域全体をいかに巻き込み、具体的に運営するのかという視点である。もう1つは、運営のキーパーソンであるキャリアセンターや就職課の職員の方々がどうあるべきかという視点。
　私は協議会の事務局長として、大学と企業の中間に立つ。キャリアから言えば軸足は民間企業人にある。ニュートラルな立ち位置から、2つのポイントを本音で書き進めたい。立場上、インターンシップの概念整理には手を付けない。

就業体験と明確に括ることを予め理解いただきたい。

15年間で多くの学生を受け入れる基礎を作り上げる

ⓐ九州インターンシップ推進協議会（以下、協議会）のインターンシップ実績はここ数年、1,000名を超えながら安定的に推移する。おおむね夏に850名、春に250名というイメージである。学年の構成は夏は3年生、春は間もなく3年生に上がる2年生が圧倒的だ。特に2年生たちは「就職活動が近づいてきた」というタイミングでインターンシップが視界に入ってくるようだ。

1,000名を超える学生の就業体験機会の産官学連携での準備は容易ではない。低学年次から自ら外の情報を取得し、段取りできるのはごく一部の学生。現実には、学内での情報受発信の仕組みや風土づくりなど一朝一夕では上手くいかない周到な準備が必要となる。そしてもちろん企業開拓というもっとも骨の折れる作業を乗り越えなければインターンシップは成立しない。

自主財源は、活動を支える大きな要素

全国の様々なインターンシップ推進に携わる協議会や組織の財源は、おおむね行政予算制である。協議会もそれを拒まないが、現在は加盟大学、受入れ機関からの加盟金や支援金で実質賄う。毎年楽ではない運営のため行政からの支援は本音を言えば、助かる。しかし、それを中心財源に据えると継続性が危ぶまれ、事務局運営に緩みが生じる可能性もある。インターンシップに関わる様々なステークホルダーの当事者意識への影響を忘れてはならない。

受入者は、負担金があるからこそ協議会運営に対して真剣に意見を述べたり、費用対効果に敏感になるのだから。それが組織に適度な緊張感を生み、活性化につながるものと捉えている。

具体的には、加盟大学から年会費10万円。受入れ機関から1口1万円以上の協賛金を集めている。また受益者負担の原則に立ち、実施が決定した学生1人に対し大学から

ⓝ インターンシップを地域に根付かせ、地域を伸ばす一翼を担うため、2000年に設立した。

2章　大学における専門人材

1万円を徴収している。こちらも、参加する学生の意識づけの意味合いがある。

　費用負担には改善を求める声もある。経済環境厳しい昨今、学生1人につき1万円は厳しくないか。企業は受け入れ自体が貢献であり一種の負荷なのに支援金まで求めるのか、など。現状では年間2,000万円ほどの事業費を受益者負担を原則としつつ地域全体で負担する仕組みで、賛否の声はあれど、他の地域ではおおむね苦戦している協議会形式を結果的に15年間徐々に活性化する方向で継続できているのも、今のところ予算制にとらわれず、自主財源で運営してきたからと受け止めている。

　だからこそ、事務局はわずかに6名。経済団体として他の業務との掛け持ちもいて、実質3〜4名程度の状況で頑張っているのも、甘えを許されない財政環境が背景にある。

関係者を巻き込む、あの手この手

　インターンシップ運営を継続させるためには様々な関係者の協力が必要だ。時に巻き込むような活動も重要となる。そこで、ここでは会議運営に着目しそのノウハウを紹介したい。

　協議会の予算、決算その他重要事項を審議し決定するのはもちろん総会である。しかし年に1度の総会の間には、日常の課題抽出や軌道修正の場や機会が数多く存在する。

　まずは理事会。年に1〜2回の開催であるが、おおむね大学の学長クラス、企業は役員クラスで構成されている。協議会の大きな方向性や財政面についての検討を行い協議会運営の骨格を検討する。地域に影響力のある関係者に基本事項をよく理解してもらうこと、言い換えればインターンシップのファンになってもらうことが全体として重要な意味を持つ。このため事務局は、社会連携教育のトレンドや優良事例の情報などのタイムリーな提供を心がけている。だから、事務局スタッフは国の研修会などに出向き、常に**最新情報に触れ学ぶ姿勢**が欠かせない。

　次に幹事会がある。年2〜3回の開催で大学、企業側も

ここがポイント

　手前味噌なコメントになるが、日本学生支援機構は専門人材研修に注力している。本書の基となった「インターンシップ等実務者研修会」然り。国の予算事業ゆえ今後の展開は不明だが、常時ホームページはチェックされたい。

九州インターンシップ推進協議会

おおむね幹部（企業は部課長クラス）の顔ぶれで構成される。ともに組織内で一定の決裁権を持っている面々である。ここでは具体的な推進の方向性、例えば実践型インターンシップや身体障がい者のインターンシップにトライすることなどが議論される。

ちなみに、組織内で**窓口担当者とトップとの中間**にある幹事会メンバーの理解と協力は、協議会運営で不可避の要素だ。非協力的であれば日常活動する担当者のアウトプットが激減する恐れがある。運営上、十分に留意したい。

協議会運営で何といっても重要なのは、担当者会議である。日常的に学生とやりとりを行い事務局スタッフとも頻繁にキャッチボールする方々である。ここではかなり具体的にトラブル案件を検討したり、各人がより良い進め方を学ぶ場としても非常に重要だ。担当者会議には**意図的に懇親会をセット**にしている。職場ローテーションが多く、そもそもインターンシップについて短期間では理解しがたい。そこで様々な課題が第一線に集中する中、各大学の同じ立場の専門人材をつなげ、ある種のガス抜きをしつつ、事務局としては今後の相談相手を獲得する。

懇親会は会議以上に大切なものを秘めているのかもしれない。

協議会方式でノウハウを地域の中心にストック

改めて他地域の事例を検証し、運営のポイントを整理したい。

・地域全体で目的（狙い）を共有している⇒例えば「Uターンで若手を呼び戻す！」「地域全体で若手人材を育成する」など

・関わる方々の当事者意識が高い

・事務局の本気度が高く地域からの信頼が厚い

・全体として「チーム」が結成されている

などが挙げられる。

一方、各大学の本気度が増しスタッフも増えれば協議会は必要ない、という意見も時に耳にする。しかし各大学がなかなか足並みそろわない九州の現状を思うと、当面はノウハウを安定的に地域の中心にストックする協議会方式が

2章 大学における専門人材

💡 **ここがポイント**

経験的に言えば、組織の取組の命運は中間管理職が握っている。このポジションだけが、現場の声を直接耳にしながらトップと協議の場を持っているからだ。本書でも、鍵となる課長や理事などが登場しており、示唆的だ。

💡 **ここがポイント**

人間関係は結局、飲んで歌って構築されるのかもしれない。専門人材の方々に会うと必ず聞こえてくるのが「飲んで解決しました」の声。下戸の方には恐縮だが、使えるツールは最大限活用しよう。

効果的ではないか。

現状わずか2%と言われるインターンシップ実施率を飛躍的に伸ばすことを想定すれば、地域の人気企業には全ての学校（大学のみならず専門学校や高校まで）のインターンシップ要請が集中し、様々な問題を引き起こすこととなろう。地域全体が学び合う体質、また育て合う体質であるためにも、協議会方式は一定、有効であろうと考えている。

専門人材について考える

良い取組の陰には、必ず良い職員の姿が

日常から学生とどんな距離で接し、特に学外へ学生を送り出す際はしっかり話し込む習慣があるか。それにより、仮に多少のトラブルがあっても軌道修正、フォローアップができる。

私は立場上、多くの大学を訪問しガイダンスなどで話す。その際にキャリアセンターの職員が学生の名前を把握していて、学生もその職員に明らかに日常相談している感じで話す風景を目にすると、安心感を覚える。教員でなくとも学生との間に信頼関係を築いている職員は、間違いなく事務局からも信頼されている。何よりも、学生との対話を楽しみながら仕事へのやりがいを感じているように思う。

職員は、教員に従属してはいけない

学校組織との関わりで驚くことは多い。一番感じるのは教員と職員の乖離だ。同じ目的を果たすための役割分担のはずが、別な組織かと思うほど距離を感じることがある。

そんな中でも、優れた職員は「この募集案件は〇〇先生の学生が希望しそうなので、すぐ先生に連絡とってみます」などと反応が軽快だ。多くの職員が教員に遠慮がちな中、頼もしい。

民間企業でも似たようなことがある。お客様に直接接する営業が会社の数字を握るキーセクションではある。しかし事務系スタッフが単なる間接部門としてのコストセン

注
「インターンシップの普及及び質的充実のための推進方策について意見のとりまとめ」（体系的なキャリア教育・職業教育推進に向けたインターンシップの更なる充実に関する調査協力者会議、2013）より。

ターか、業務改善に向けた企画や提案もできる戦略スタッフかで、組織のパワーは雲泥の差がつく。大学組織も然り。職員から教員へ、業務を通じて具体的に提案や発案できるかが非常に重要だと考える。

職員は、もっと学外で学んでほしい

　大学も社会を構成する一機関である。民間企業では異業種交流や勉強会が頻繁にある中で大学関係者だけが同業のみとの付き合いで良いはずがない。むしろ社会に出る準備を学生に教える立場にあることからすれば、学外事情に精通していてほしい。

　専門人材と思われる職員には共通して向上心と好奇心を感じる。仲介者や産業界との交流も盛んで何でも質問する姿が目につく。さらには学外でも勉強や趣味を深堀りしているようだ。

　個人的な見解だが、大学職員にはもっと意識的に社会に一歩踏み出してもらいたい。「社会人基礎力」は学生に指導する前に我々社会人が自己を振り返る指標として活用したい。特にインターンシップが実践型や長期型へのシフトをしている今日、送り出し側と受け入れ側との共同でインターンシップのプログラムを開発することが重要になっている。社会情勢や個々の企業の特性、もしくは企業における業務フローなどをある程度把握しておかなければ歯が立たない仕事である。専門人材の自覚を持って、ぜひこの領域に到達してもらいたい。

専門人材は決まって、聴き上手

　関係作りが難しい相手とも比較的楽に信頼関係を構築する大学の教職員、すなわち専門人材には共通した特長がある。

　聴き上手なのだ。無意識にファシリテーションを行っているとも言える。好奇心旺盛な表情で相手の話を丁寧に聴く。深い懐で受け止めて相槌を打ち、コンパクトな表現で相手のコメントを肯定的に反復する。基本的に否定しない

ので相手が心地よくなるのは当たり前。話が弾む経験でコミュニケーションに自信がつき、ますます人との接触、出会いを好み、世界が広がる。

コミュニケーションの天敵は無関心、無表情と断定だ。異動したばかりで業務に精通していなくとも関係者との積極的で良質なコミュニケーションでカバーできるのではないだろうか。

そのほか、あれやこれや考える

戦略的、教育的人材ローテーションの導入を

　文部科学省の方針もあり、インターンシップをテコ入れする掛け声は大変多く聞こえてきた。しかし現状は学内では限られた人員でこの案件に向かうことが多い。小さな大学では、インターンシップへの関与は職員1人という状況も珍しくない。

　就職率は大学経営に直結するため、就活フォローは力が入る。しかし、インターンシップは手間暇の割には目に見えるアウトプットは期待できず、つい最少人数で向かい合う。このため、同じ就職課の中で**インターンシップ担当者は孤独感を感じている**ケースも珍しくない。周囲の理解とフォローが必要だ。

　一方、組織に職場ローテーションは付き物。人材育成やリスク管理などの理由で職場ローテーションが実施されるのも、そこで顧客や取引先が戸惑うのも世の常である。しかし大学職員のローテーションにはいささか疑問を感じる。短期間での異動が前提のためか、いつ異動命令が来るかわからないためか、各職場での専門的追求、深堀り意識が希薄であるように感じる。

　これはアウトプットへの懸念もさることながら、職員自身のやりがいなどにも影響を及ぼすのではないだろうか。もちろん手続きや納期管理などはきっちりと対応してもらえるのだが、社会連携教育の持論を展開したり、進んで勉

ここがポイント

　確かなデータは手元にないが、現在日本の産学連携教育を支えている主役はおそらく、任期制教職員だろう。不安定な身分保障にも関わらず、学生の企業の前面に立って活躍する。さぞや孤独だろう。そればかりか、貴重な知見が任期満了とともに失われる社会的損失を心から憂う。

強会を開催してみたりという姿はあまり見受けられない。

民間企業や行政も似たことは言えるが、対応策としては戦略的、教育的人材ローテーションがある。中期的なキャリアパスを本人と合意を形成しながら組み上げ、おおむねどこでどれほどの専門性を身につけ、最終的に理想とする状況を目指すかという姿を、上司部下で握り合うことを推奨する。都度、専門性の追求が無駄でないことを上司部下で認識することが重要である。

また別の方法として**ローテーション人材と定着専門人材と体系的もしくは契約的に区分する方法**もあるかもしれない。ただこの場合は両者の溝もできやすいので運用には注意が必要だが。

社会連携教育の在り方

キャリア教育とは一体なんだろう。

働くということ、どんな職業があるかということ、社会に出るためのマナーを学ぶこと、採用面接の練習をすること、もちろんこれらはキャリア教育に属する内容だろう。

しかし一方で、経済、法律、語学、哲学を学ぶことも同様にキャリア教育であるように思える。初等教育から高等教育まですべてが、「何のためにどう生きるか」を学ぶプロセスではないか。そして社会に出た後もこの学びは続くのではないか。

だとすれば大学キャンパス内でクローズした学びは不自然である。常に社会との呼吸の中で学生は学びの本質と喜びを知るのではないか。就職活動は一つの動機だろうが、小学生や高校生でも自然体で社会と触れる機会を多く持ち、ましてや大学生であれば社会と触れ合うがために学問を深堀したくなるという図式が理想的ではないだろうか。その意味で産学連携教育に携わる専門人材は、システマチックに効率よくインターンシップを規定し運営するばかりでなく、自然で柔軟で時には大胆な社会連携教育の在り方を模索すべきだと感じている。

ここがポイント

産業界からは「優秀な窓口職員さんのおかげで納得行くインターンシップができた。なのに突然異動で後任はまるで素人。何とかしてほしい」の声を頻繁に聞く。白紙に戻ってしまった事例まである。大学管理者に物申す。深刻な課題と受け止めよ。

取組の課題

インターンシップの量的拡大はこれから費やす時間に比例する。しかし質の向上についてはかなりの注意が必要である。インターンシップを単位認定する大学が増えれば単位取得だけが目的の学生も増える。インターンシップを促進する仕組みが整えば整うほど受け身の学生が増える。拡大発展期を迎えるインターンシップはこの矛盾を解きほぐしながら丁寧に進めなければならない。だからこそインターンシップの本質を理解し、高い知見と圧倒的な行動力を持つインターンシップ推進の「プロ」が必要になる。

ホントはどうなの!? 執筆者のホンネ

本音は本編で言い尽くしたという思いがある。私は大手電機メーカーで人事業務を20年ほど経験し現職に至る。その間、組織管理や人事評価、社員教育、M＆Aやリストラクチャリングまで幅広く経験し、社内外で多くの成功事例に触れた。成功の裏側には、必ず「ある人の執念」があったと感じている。地位、役職を問わない。特別な想いを持ち続け、尋常でないアクションを取り続ける人だ。日本のインターンシップ推進も第2フェーズにシフトしようとしている。追い風は吹くが視界良好とは言い切れない。そんな今だからこそ「執念」にこだわりたい。

ここが着目点！
編集代表による解説

　本編は、インターンシップを仲介する組織に身を置く中立的な立場から書かれています。「中立」と言えば聞こえが良いですが、どちらの側にも気を配る必要に迫られる実に微妙な立場でもあるのです。そんな立ち位置から、よくぞ書いてくれました。大学人にとって、実に耳の痛い話が矢継ぎ早に登場します。

　筆者からは強いメッセージが感じ取れます。頑張っている職員さんへのエールが。「インターンシップ担当者は孤独感を感じている」と同情しつつ、「（職員は）キーセクション」「もっと意欲的に社会に一歩踏み出して」「職員から教員へ、業務を通じて具体的な提案を」と呼びかけ続けるのです。そこには一部、教育の最前線で活躍する任期制の教職員も含まれるようです。仲介者からこのメッセージ。私たち大学人は重く受け止めねばなりません。

　最近は峠を過ぎた観がありますが、それでも未だ「キャリア教育って何？　インターンシップなんて必要？」と質問されることがあります。原点に立ち返りましょう。社会は進化し続けています。その一員である以上、大学界も無縁ではいられません。高等教育の進化とは、社会の動向を横目で捉えつつ、「私（たち）はこのような育成目標を掲げ、その達成に向けてこのような手法で学生に教え育てています」と全方向に説明し、実践する過程と言い換えられます。

　教室は密室です。そこで行われている「教育」は本来、開示される社会的使命が存在するはず。筆者は中立的な立場から、大学人に向かって「教室の外へ出てきてくださぁ〜い。学生とともに」と訴えかけているのです。まずは職員に。でも、本音を言えば、その向こうの教員に。

3 章

経済界から見た専門人材

経済界から見た専門人材

藤巻 正志
公益社団法人経済同友会　執行役

政策調査部門にて、政治・行政改革、財政・税制、金融問題、企業経営・CSR、教育問題等を担当。内閣官房（2009～2013年）国家公務員制度改革推進本部事務局長、富士見中学高等学校評議員を9年間務めたほか、現在は公益財団法人海外子女教育振興財団理事、教員養成評価機構評価委員会委員などを務める。独立行政法人日本学生支援機構では、学生支援GP審査会審査委員を2年間務め、現在はインターンシップ等推進委員会委員。

加藤 敏明
文部科学省「産業界のニーズに対応した教育改善・充実体制整備事業委員会」委員
※ 略歴は巻末に掲載。

2015年9月15日　日本学生支援機構にて対談

藤巻 正志 ✕ 加藤 敏明

なぜ、インターンシップは必要なのか

加藤〉 いきなり最も重たい課題から入りましょう。そもそもインターンシップは必要か、という原初的な質問に答えるところから。

藤巻〉 わかりました。

加藤〉 インターンシップの質・量的拡充は、世界標準の目線で見れば必須です。ところが、本書の真の読者たち、すなわち大学の経営陣や大学院、学部のど真ん中の先生方の中には、今でもインターンシップやキャリア教育が必須だと思っていない方がいます。

　私は立場上、国内外のインターンシップを10年以上にわたって見てきましたが、今や欧米の先駆的な大学では、一人の専門教育の先生が従来型の座学の授業とともに、担当する科目の一定期間、学生を外に連れ出したり送り出したりして、体験型学習をも手掛けます。つまり、座学と実践を一人で両方をこなすというのは、もはや世界標準なのです。

　ところが日本では残念ながら未だ分業制になっていて、インターンシップやキャリア教育はGP予算で採用された教職員が数多く担当し、大学院や学部の必修科目を担当する先生とはすみ分けられているのが現状です。近年、随分と専門教育にもインターンシップが波及してきましたが、世界のスタンダードに比べたら、日本はまだまだ立ち遅れています。その弊害が、我が国の高等教育の課題にしっかりつながっていると考えているのですが、藤巻さんはどのようにお考えですか。

藤巻〉 この問題は、日本社会における企業の採用の在り方や、学生の就職と大学の対応といった本質的なものに根差していると思います。何かというと、まっさきに浮かぶのは日本特有の新卒一括採用です。これがあるということは、大学の一定時期までは就職は一切関係ない。ある時期が来たら、一斉によーいドンでスタートする。欧米の場合、そんなことないですよね。

加藤〉 通年採用ですものね。

藤巻〉 それは大学の教員にとってみても、自分たちは一定の期間までは、自分の信じるアカデミアの世界を叩き込んで、あとはバトンタッチするから、専門の担当者でよろしくという構造もあると思います。

　時代が変わって、これだけダイバーシティが叫ばれ、留学生が増加するなど、グローバル化しているのは企業だけでなく大学もそうですよね。その中で学生たちが将来どのような、キャリアデザインを描いてどういう職業に就き活躍を

経済界から見た専門人材

していくのか、そうした力をつけさせるために大学では責任を持って教育してほしいです。責任とは、正に一義的にはキャリア担当の教職員が非常に大きな役割を果たしていると思いますが、同時に一年生の段階から学生の資質を高めて磨いていくという意識と、アカデミアの部分もしっかり教え込む。この両方をかなえていくというのが、教員の姿だと思っています。

加藤 おっしゃるとおりですね。ところが大学院や学部の先生を訪ねると、「インターンシップの必要性は分からないでもない。しかし、現在経済界の中核で活躍されている方々のほとんどは大卒または大学院卒ではないか。従来型の教育を受けている人が立派に活躍している。新しい動きに理解がないわけではないが、必ずしも必須ではないだろう」といった反応が返ってきます。なかなか価値観が変わらない現実、それを経済界の目にはどのように映りますか。

藤巻 たぶん、これまでそうだったし、そういう人材を出し続けて社会で通用しているし、今の企業人もそういう勉強をしてきたではないかということだと思います。それはある意味そうかもしれません。全否定はしません。ただ、グローバル化の流れは、まず市場でプレーヤーに影響を及ぼし、その後で社会全体にだんだんと広まり、大学に伝わるという順番になっています。

真っ先に市場の洗礼を受けるのは、企業です。企業は、これまでは大学で一定の勉強をすれば、あとは投資をして育てるからということでやってきましたが、今はその時間軸では追いつかないのです。

理由は2つあります。1つは、世界の動きがものすごく速くて、市場の変化に対応するための体制づくりなどで忙しく、時間やお金をかけられなくなりました。要するに時間的余裕がない。もう1つは、新人採用のベースに、優秀な留学生というきわめて魅力的なグループが出てきました。グローバルな価値観をベースに、教育を受けた学生たちです。

加藤 すぐに力を発揮できるし、それでいて日本の企業文化にすんなり馴染むことのできる優れた人材たちですよね。

藤巻 そうです。企業が海外展開をするにあたって、彼らの国へ行って活躍してもらいたい人材です。そうした観点から良い人材が出てきたため日本の学生は相対的に見劣りすることがある。絶対的なことを言っているのではありません。すると、企業が大学に求める教育も自ずと変わってきます。今このように状況が変わっているから、こういう人材を育ててほしいと。それが大学への答えの一つかと思います。

加藤 たぶん、人材育成の面で、大学界と経済界とでは危機意識に相当な温度差が存在しているのでしょうね。

藤巻〉　それは厳しい市場の洗礼を受けているかどうかの違いではないかと思います。

高まる留学生ニーズを大学人は意識すべき

加藤〉　大学はアカデミックの意味合いからある意味、社会と一定の距離を保ちますが、その分、社会の動きに鈍感な部分があります。私の感覚では、留学生が本当に戦力なのかという点では、多くの大学の先生はまだ旧態依然とした10年前の感覚をお持ちです。なぜなら、「自分のゼミ生は昔も今も変わらずに就職している。就職先に変化はあっても。昔と比べ留学生が増えてきたのは実感するが、よもや日本人のゼミ生の本物のライバルにはならんだろ」といった声が漏れ聞こえてくるからです。日本の企業なんだから、多少の留学生は含まれるにしても結局日本の若者を採用し続けていくに違いない、という楽観的な見方がまだまだ根強いように感じます。ずばり、現状を教えてください。

藤巻〉　これまで企業は社会の公器と言われてきました。今、その議論は活発ではないかもしれませんが、否定もされていません。そうすると、公器としての役割の一つには、雇用をどう維持していくかという部分も当然あります。それが一つ。それから、企業の目から見て、日本人を採り続ける理由の一つが、やはり日本人で優秀な人はカンファタブルなところがあります。つまり企業によっては、年功によるヒエラルキーの組織構造が残っているところもあるため、そこに急に多くの外国人が入ってくれば「自分がこの仕事をやればいくら報酬をもらえるのか」という世界になります。自分は優れており、明確なキャリアデザインを描きたいのに、他の新人といっしょに順番で上がっていくというのはなぜかと。

そこは正直、日本人の学生のほうが使いやすいというのはありますが、今後の海外での事業展開を考えると、それにふさわしい優秀な学生をとりたいというニーズは高まっているのが実態だと思います。そうした意欲的で優秀な学生のグループの一つとして留学生は重要度を増しているのではないでしょうか。

加藤〉　10年前、5年前と今、留学生人材に何か変化は感じられますか。

藤巻〉　直接、経年変化を追っているわけではありませんが、10年前、リーマンショック前に比べると、今の留学生はかなり意欲が高いというか、上昇志向というか、やる気がある。つまり、サバイバルに勝ち抜いて、どうすれば自分が将来キャリアアップできるような力を身に付けることができるか。あるいは、どこの組織に身を置いたらその実現に一番近い道になるのかということまで考

えている人が増えているよう見えます。

加藤〉　実感できます。私はトータルで16年間、大学教員として教え子としての留学生を見てきましたが、初期のころは主に東アジアの留学生でしたが、「日本と自国との架け橋になりたい」というのが決まり文句でした。ちょっと綺麗ごとのような。

藤巻〉　そうでしたね。

加藤〉　ところが近年ははっきり変わったように思います。初めから、起業志向なんですね。おまけに、思い切りドライ（笑）

藤巻〉　そうそう、確かに（笑）

加藤〉　日本で修業して、ノウハウを身に付けて。たとえば中国の留学生だと、中国に進出を考えている日本の企業で修行してノウハウを身につけ、いずれはトップになるか独立して会社を興してみたいと。本当にはっきりとしたオピニオン（主張）を持っている学生が留学生全般に増えているような気がします。

藤巻〉　具体的に言えばそういうことです。今の例では、日本という社会と中国という社会の架け橋というのは、確かにベースにあるのでしょうけれど、自分が彼の地でリーダーになることによってそれを実現したいというものです。否定するわけではなく、そのとおりなのだろうなと思います。

加藤〉　日本人の学生も、そのくらいのアントレプレナーシップ（起業精神）を持ってもらいたいものですね。

藤巻〉　日本人の学生がそこについていっているのか、そうでないとすればその理由がどこにあるのか。そこで大学の教員の問題につながっているのかなというのが見方です。

加藤〉　その指摘は重要ですね。お話を総括すると、留学生はもはや一時的な、そして一部の動きではなくて、国際化の中で日本人の学生の本物のライバルとして存在しているということですね。それだけに、この世界的な競争の時代に産学連携教育を含めて日本の教育も高度化していかなければならない。経済界もそういう認識でいるということですね。

藤巻〉　そのとおりです。

経済同友会が提言。求める人材像を明確化

加藤〉　2015年4月、経済同友会は提言をまとめました。この提言には、個人的に非常に注目しています。というのは、今まで経済界が出してきた報告書や提言にない新しい要素が入っているからです。特筆すべき点は、かつてないほ

ど丁寧に大学関係者に直接意見を聞き、まとめているところです。ぱぁーっとアンケート用紙をまいて、それを集計して結果を出すという網羅的なやり方でなく、非常にきめ細かく大学界の声を拾っています。16年在籍した私の目から見ても、非常に内実を理解している提言だなぁ、と思います。そこで、提言をまとめられた経緯や背景について教えてください。

藤巻〉 ありがとうございます。そのようにご理解いただければ、正にこの提言を出した意義があります。

　経済同友会は、数十年前から教育問題には多大な関心を持っています。なぜかというと、企業というのは教育の成果の最終的な受け手である、こういう認識があるわけです。その時々、時代に応じて、大学に対して、こういう人材を育ててほしいという要求が常に存在するというのが前提としてあるわけです。そうした中で、21世紀になってから、日本もバブル崩壊からずいぶん経ちますけれど、なかなか十分な解決に至っていない。さらにリーマンショックがあって、またクラッシュした。そこからなんとか立ち直ってきているという時期です。このときのキーワードの一つが、ものすごいグローバル化の進展です。すると、そういった時代の大きな変革の中で、大学教育がこれまでどおりでいいのかということを改めて考えると、とてもそういうわけにはいかないという思いがどんどん高まってきたというのが背景にあります。

　その理由は何かということになると、経済同友会としては、大学のガバナンスの問題などを数年前から提言しているんです。そういう流れのなかで、2015年4月の提言では、改めて丁寧に現場に目を向けて、私たちから見てもインターンシップはきわめて重要という認識で、大学の教職員に求める役回りや学生に対する期待などにスポットを当てて、整理して意見を申し上げたというのが背景です。

　これまで大学側から、経済界が求める人材として、高いコミュニケーション能力と言うけれど、抽象的であり、どういう教えをすべきか良く分からない、という意見がありました。それも踏まえて、少し問題を具体化して掘り下げて、教員や職員にはこうあってほしいとか、学生はこのように成長してほしいなどのポイントについてまとめました。提言に「企業が学生に対して面接で確認したいことの例示」（P.134）というものがあります。これらの項目について光るものがある学生には注目するし、採りたくなるというキーワードを並べたものです。これを最大限に活用していただきたい。つまり、企業にこういうことを問われたときにちゃんと答えることができる人材を育ててほしいということです。

経済界から見た専門人材

企業が学生に対して面接で確認したいことの例示

■学生時代の学びの成果	■人や社会との交流	■求められるコンピテンシー
○専攻で学んだことは何か、学びで得たものは何か	○部活動や就業体験で得たものは何か	○業務に積極的に臨む姿勢や心構えができているか
○教授の講義内容、方法はどうであったか、理解できたか	○インターンシップに参加したか、そこで得たものは何か	○耐力、行動力（打たれ強さ、チャレンジ力など）を備えているか
○ゼミ等で課題解決のディベート、アーギュメントを体験したか	○自己の得意なこと、長所を如何に活かして伸ばしたか、失敗や不得手なもの、短所の克服に如何に努めたか	○業務の目的を理解し、始める手順や段取りをつけられるか（不要不急の判断、プライオリティ、重要度、他チームとの調整範囲、スケジュール管理など）
○議論で何に苦労したか、工夫したことはあるか、異なる意見の取りまとめに努めたか	○業務上の相手を納得させ理解を得るような、組織における（友人とは異なる）コミュニケーションが図れるか、周囲が自分に求めることを認識し、期待どおりに対応できるか	○業務遂行に必要な情報、知識、人材、予算、機材などをイメージして、チーム作りができるか
○学生時代の学びを如何に社会や企業（当社）で活かし、貢献できるか、将来企業でどんなキャリアを描きたいのか		○組織のチームの一員として役割を果たせるか、取りまとめができるか、チームのなかで他者と相互に補完し、相乗効果を発揮できるか

「これからの企業・社会が求める人材像と大学への期待」（経済同友会、2015）より

加藤〉 なるほど。これは大学側から見て、具体的な面接のガイドラインのようにも読めますね。

藤巻〉 一つの例示ではありますが、そう捉えていただいても良いと思います。これ以上具体的になると、個社ごとに変わってくるため、細分化はできません。完全とは言いませんが、一つの答えかと思います。

加藤〉 どのようにして項目を絞り込んだのですか。

藤巻〉 企業の人事関係者とどういう人材を採りたいかフランクに議論してベースを作りました。それを委員会にかけて、経営者に議論してもらって、なるほどそうだなということで例示したというのが経緯です。大方の経営者から見て違和感ないものと受け止めていただいて良いと思います。

加藤〉 具体的に反響はありましたか。

藤巻〉 大学からは、ありました。

加藤〉 大学から？

藤巻〉 はい。いろんなゼミなどのインタラクティブな授業で課題発見や解決といったテーマがあるわけで、それらを進めるときに、これが一つのベースとして、役に立つのかもしれません。教員のなかにはこういうのがあると、ゼミでやるときの参考のガイダンスに使えるという意見がありまして。ただ、これの認知がまだそんなに進んでいませんので、多くの反応があったとは言えません。

　これからぜひ、一つの例示として大学関係者にどんどん見ていただくことは非常に重要なことかと。

加藤〉 確かに。また、経済界の方にもぜひ読んでいただきたいですね。大企業

ばかりでなく、中小企業の関係者にも。いかがでしょう。

藤巻　ベースとして参考にしていただけるところはあると思いますが、企業ごとに競争環境が違います。事業環境と言いますか、置かれている環境が違います。大企業はグローバルですし、中小企業はどちらかというとドメスティックがやはり多い。中にはグローバル企業もありますが、そういうところはご自分で生き残る道を見つけて、お考えになってやっているのだと思います。

自律的な学生は産学連携でこそ育まれる

加藤　私が経済界にこだわるのは、再び触れますが大学のど真ん中の方々、管理者や大学院、学部の先生たちには、企業側がどのような人材を求めているか案外ぼやけているんですよね。鮮明なメッセージが届きにくいのです。そこで、もうそろそろ経済界の側からこういう人材像、このような能力、資質というように、絞り込んで具体的なメッセージを発信してほしいなと思っていたのです。そうしたところ、このように（「企業が求める人材像と必要な資質能力」参照）大学との対話を通じて具体的に企業が求める鮮明なメッセージをまとめてくれているのです。これは本当にありがたい。

　今までは、論理的な能力からコミュニケーション能力や問題発見・解決能力まで何から何まで育んでほしいと経済界から言われてきたと感じていた先生たちが、座学で養われる能力や資質とインターンシップをはじめとする体験型学習で培われる自律的な資質をきちんと区分けしてもらうことで、どうやら自分たちの役割と経済界の役割が重なる（連携すべき）部分もあれば、任せられた部分（専門教育）もあるんだと、すみ分けをし、協力もするという構図がはっきり出てきたように思います。私の認識、何かズレはありませんか。

藤巻　そこは全くないですね。もう少し申し上げると、大学と企業の立場は、人材にフォーカスしたときは自ずと違うと思います。やはり大学は教育段階で、つまり授業料を払ってる学生はお客様であり、逆に企業はこちらがお金を払って働いてもらう。180度立場が変わる、そこですよ、一番のポイントは。そのときにこれまではお客様だった学生は、今度自分が雇われるわけですから、どういう風にその意識を変え、具体的にどういうスキルを身に着けて貢献すればいいかというマインドセットが早くできるかどうか。そのために役立つのがインターンシップです。教育的効果はもちろん大事であり、そこで得た気づきによってどう改善していくか、それ以降の教育にもつながると思うんです。

加藤　そのとおりだと思います。

経済界から見た専門人材

藤巻〉　反復だと思いますから。何回もインターンシップを経験して、短所は直して高めていく。まず意識が重要です。

加藤〉　学問的に言うと、人間的な成長はいろんな分野で研究されています。中でも発達心理学では、自己理解から他者認識という人間の成長の段階と整理されているんですね。人間は基本的に自分中心ですから、誰でも自己理解力を持っている、持ちすぎるくらい持っている。それをあるときから他者認識に発達させる必要に迫られます。言葉を投げかけたときに自分自身の理解の仕方と相手の理解の仕方は違うことを、人は成長とともに学ぶのです。

インターンシップの国際学会に出ますと、インターンシップの教育効果がしばしば発表に登場します。高等教育は社会との接点。私は学生に一人称から二人称への移行という言い方をしてきましたが、卒業時に強烈に自己理解から他者認識へ価値観をドラスティックに変える必要があります。まさに、先ほど述べられた180度の立場の転換ですね。今までは子供でありお客さんだった。つまり言いたい放題だったのが、社会に出ると今度は売る側、作る側になる。すると、相手、すなわち消費者や顧客は何を求めているのか聞き耳を立て、全ての物事を判断しなければならなくなる。物事を考える矢印が真逆になるということを卒業までに教えなければならないわけですよね。そういう教育効果がインターンシップに間違いなくあるというのが、国際学会での定説です。ひいては、受け身でなく相手の考え方を主体的に理解しようという自律的な資質、能力の涵養が結論となっています。

ところが、今までの大学教育のコア部分、専門教育の中ではなかなかそれを教えづらい。檀上から先生が知識を一方的に伝授し、それを学生吸収するのが従来型の授業です。これも人間の成長上、非常に重要なことですが、反面、他者認識への切り替えを教えるのは難しい。「君たち、主体的になりなさい。自律しなさい」と壇上で叫んでも、学生にはなかなか伝わりません。

この点、経済界の言い分と齟齬はないように思うのですが。

藤巻〉　はい。正にそういう考えですね。あとは大学がどう変わるかということのウェイトが高いのではないかと考えています。当然、企業はゴーイングコンサーンであり、継続性はきわめて重要です。従業員とその家族全部を養うわけですから。

そうなると、当然一定の売上、利益をあげていかなければならない。先ほど申し上げたように、個社によって事業環境は違うけれども、共通しているのは企業の経営方針にかなった活躍をしてくれる人材をいかに採用するか。そこに日本人とか外国人というのは関係ないというのがグローバル企業の置かれてい

藤巻 正志 ╳ 加藤 敏明

る立場です。したがって、日本の大学も、企業が採用する候補として自分たちの学生を送り出そうとするのであれば、企業のニーズも見極めてそれにかなった人材を出していくのは自然の流れだと思います。

加藤〉 まったく同感です。もう結論が出てしまったような（笑）

評価や単位化には大きな課題が存在

藤巻〉 大学にとって研究が重要なのはもちろん理解できますし、決して否定するわけではありません。ただ、あまりそれに固執しているだけでなく、もう少し教育、つまり大学のミッションが教育と研究、社会貢献だとしたら、やはり教育のウェイトは今より高めてほしい。これが大きな理由ですね。

加藤〉 ところが日本の大学の世界は事実上、評価が研究のみなのですね。研究者こそがトップに評価されます。一方、欧米はさすがに教育評価というものはかなり進んできていますが、研究業績で先生たちのランクが決まっているという基本構図は同じです。

　そこで何が起こるかというと、教育熱心な先生たちは評価の上で実に不利な立場に置かれてしまう現実です。彼らは就職もひっくるめて学生に深い情熱を注ぎます。当然、学生もそれを強く感じ取り、結果としてその先生の研究室には学生たちがいつも立ち並ぶことになります。自画自賛ですが、私の研究室もそうだった（笑）。同じ研究棟のフロアでも、学生の並んでいる研究室はだいたい決まっていました。

　ところが、学生が並ぶ姿を見たことのない研究室もあります。どういう先生かというと、研究業績の高い方が結構含まれているのです。つまり、研究を一生懸命やればやるほど論文執筆の時間を確保したいし、国際学会にも出たくなる。結果、授業を休講や代休にする機会が増えてしまう。ひどい言い方をすれば、学生の面倒なんか見ている場合ではないと。実際、そういう先生は存在します。かたや教育熱心な先生は学会発表をしようにも論文の準備をしようにも、学生たちが次々と面談に訪れ、ゼミ生たちも定員オーバーの満員御礼。研究するにも時間が取れません。非常に皮肉な現象が起きているのが現状なのです。この辺のところは、研究主導の大学界の中ではなかなか自浄できないので、むしろ経済界からがんがん言っていただきたい。

藤巻〉 おっしゃる事情は承知しています。提言も研究と教育を分けて評価すべきと主張しています。たぶん、学内事情が、これが本当に難しいんですけれど、教員であると同時に研究、学会がある。世界的にもそういう評価であって、否

経済界から見た専門人材

定できるわけではないです。

加藤⟩ もちろんです。研究は教育の観点から見ても、非常に重要です。目線を少し変えましょう。インターンシップに関わる評価を考える上でもう一つ重要なのは、単位です。連携する企業をまわり、大変な労力をもって開講にこぎつけたものの、必修はおろか単位すら付かない事例があります。たとえ付いても卒業要件に含まれなかったり、月曜の1講目や金曜の最終講のような学生が集まりにくい時間枠に押しやられてしまったり。

これには背景があります。インターンシップの最前線で活躍している方の多くは、すでに紹介しましたように特任や契約の教職員で、カリキュラムの確定者でない可能性が大きい。カリキュラム構造を根本的に変える力を持っているのは何といっても大学院や学部のいわゆるど真ん中の先生方で、インターンシップとは距離があります。中には相当強い違和感や抵抗感をお持ちの方もいます。自分の持ち駒（授業）が減らされるということへの潜在的な恐怖心があるのです。

これはアメリカでもあったようです。初代の教育省長官シドニー・マーランドが「すべての教育はキャリア教育であるべきだ」と演説したのが1970年。国際学会で聞くところでは、発言のハーレイションは大変なもので、「キャリア教育って何者だぁ」と異論が続出したそうです。やはり自分の専門領域が侵食されると誤解されたのですね。最終的に決着は、マーランドの弟子のホイトが「これは高等教育改革の社会運動（ソーシャル・ムーブメント）」と定義づけることで、落ち着かせたという経緯があります。日本ではまだそんな意識が残っていて、単位化はなかなか厄介な課題です。

藤巻⟩ 単位化している大学はあるんですけれど、やはり長い期間を要するとなるとハードルが高いのかなと。しかし、企業にも相応の負担がありますから、そのくらい大学が本気になってくれないと。企業にしてみればコストかインベストメントかでまったく違います。やはり中長期的にでもインベストメントにならないと、企業も対応できない。

加藤⟩ 学生にとってもそうなんですよね。単位化されるということは、卒業につながるわけです。自分の学生生活のど真ん中に置かれる授業であると、本気になるわけです。

藤巻⟩ 経済界が言っているような人材育成も、きわめて重要だとすれば、そこをどうシェアしていくか大学は考える責任があり、学長、理事長のリーダーシップに期待したいと。経済同友会では解決をどうするのかも提案はしたのですが、それを自らのものとして取り組んでいく、どのように具体的な学内改革に結び

つけるかは、我々の立場からはできません。当事者の方々にやっていただくしかないのです。改革の度合いからすると、国立と私立の違いもあると思います。

加藤 ありますね。

藤巻 これは、国立大学も法人化から十数年経って、いろいろ努力されていると思いますが、私立はかなりがんばって改革しているところもありますよね。それはやはり市場機能がどのくらい働いているかによって違いがあると思っています。

いずれにしても、大学も真剣に考えないと、学生たちが将来どうなるか。経済同友会の過去の提言（「大学評価制度の新段階」2013 年 4 月）では、学生、保護者が大学を選ぶときのメジャーメントとして、その大学の卒業生のサラリーの平均値を開示する例も参考に供しています。

英国 Unistats によると、大学の情報開示の要素として卒業生の活躍ぶりを平均給与で示す。現実的ですよね。それを出せるくらいの姿勢が望ましいかと。

また、大学の機能分化という提言もしており、世界に冠たる研究大学（「これからの企業・社会が求める人材像と大学への期待」経済同友会、P.28）の頂点に立つ教育・研究大学を目指すところもあるかと。一般的には、たとえば東大など旧帝大や東工大、私立の上位校などがあるのかもしれません。

加藤 はい。なんとなく、30 校くらいになってきたような（笑）

藤巻 これまで述べてきたことを実践しようとする大学と、今申し上げた大学は目指す道が違うのかもしれません。そこをどうすれば、自らの大学が社会から求められる役割を果たせるのかどういう立ち位置で貢献していくのかお考えいただき、実践することに尽きるかと想います。

大学人は社会の一員としての自覚を強めてほしい

加藤 ありがとうございました。いろんな角度から大学界に対して経済界からの指摘、提言などをいただきました。『インターンシップのプロになる！』というタイトルの本に相応しい内容だったと思います。プロへの指南書として、読者の皆さんへ直接的なメッセージはございますか。

藤巻 まず、大学運営に携わる責任者の方々に対してです。

インターンシップの現場にいる教職員には、学内での位置付けがどれほど重要視されているのか葛藤されている方もいらっしゃるかと思います。しかし、自分たちのミッションは社会のニーズに応えて、学生をマッチングさせて、社会で活躍できるように橋渡しをする。非常に重要な役割です。

経済界から見た専門人材

　トップの方々はこうした現場の教職員の努力を評価、推進できるお立場なのですから、思う存分におやりになっていただくとありがたいですね。

加藤〉　はい。このメッセージを目にした管理者の気は、引き締まるでしょうね。

藤巻〉　さらに、インターンシップの教育現場で活躍される方々について、日々の業務は、きわめて重要なことです。学生のほとんどが、社会に出て組織の一員として働いていくことを考えると、マッチングはきわめて重要です。その前段階としてインターンシップがある。現場の方々には本当にご苦労様と申し上げるとともに、なお一層がんばってほしい気持ちがあります。

　少なくとも、非常に重要なことをご自分がなさっている自負と誇りを持っていただければと。これがエールとしてあります。

加藤〉　経済界からそんなメッセージが届けば、インターンシップの最前線の方々は嬉しいですね。

藤巻〉　本当に皆様方、お一人お一人の頑張りがあって初めて学生とのマッチングが上手くいくわけです。さらにもう一つ。学生は社会のことが十分にわからないわけです。したがってキャリアセンターから得る情報は彼ら彼女らの人生を左右します。

加藤〉　何しろ大学は 4 年間。職業人生は 40 年ですからね。

藤巻〉　終身雇用が崩壊したと言いつつも、例年、一括採用を続けているということは、日本社会の DNA がまだ変わりきっていないとも言えます。したがってそこを本当に高い自負を持って臨んでいただきたいのです。

経済同友会が独自のインターンシップに着手

加藤〉　最後になりますが、経済同友会がインターンシップに関わる構想がもしあれば。

藤巻〉　これは正に提言で示した枠組みです。「インターンシップの課題と望ましい枠組み」（P.141）の右側に書いてある、これが経済同友会が理想とするインターンシップのエッセンスです。

　これの実現に向けて、今年度の活動としてこの枠組みを実践しようとしています。具体的には、志ある企業と、提言の呼びかけに賛同してもらえる大学とをマッチングさせて、このインターンシップの枠組みを実現したい。これが経済同友会の今年の一番のミッションと思っています。

加藤〉　どれくらいの規模で、実施時期は。

藤巻〉　もちろん、多くの企業にしてみれば、今の採用の枠組みの中では、本格

藤巻 正志 加藤 敏明

インターンシップの課題と望ましい枠組み

課　題	望ましい枠組み
・大学の組織的な関与が少ない ・企業側の体制、プログラム企画・立案が未整備	・大学での支援体制整備 ・大学が関与する形でのプログラム開発 ・教員の関与によるPBLの実践 ・大学でのより一層の単位化
・期間が短い（1週間程度が主）	・長期化（1ヵ月以上）
・大学3年生、修士1年生の参加が主で参加者が少ない	・学部1、2年生からの早期参加により、裾野を広げるとともに、その後の学びに生かす
・報酬の支給がない	・報酬の支給（実費の支給は必須）

「これからの企業・社会が求める人材像と大学への期待」（経済同友会、2015）より

　的なインターンシップを実施する隙間がないのも現実です。企業は多忙なわけですが、それでも教育的効果がある1、2年生からインターンシップを定着させたい。したがって、最初に必要なのは、企業や学生が本当に意義を感じる気持ちがなければできません。目先の投資にはなりにくく、企業から見れば中長期の投資になります。

　そういうことを含めて、賛同していただける企業を募ります。実際にもう何社か、大学も何校か手を挙げてくださっています。これがどのくらいの規模に発展するかは今の段階では分からない。ただ、何十社、何百社、何百校にはなりません。まず第一段階は小さく生んで、大きく育てる。

　実施は2017年度になるでしょうか。2016年度はもう企業は採用計画をやっていますから。大学も単位化の問題などがありますよね。そうするとやはり、16年度に枠組みができて、17年度に向けて稼働する流れかもしれません。

加藤〉　学生に報酬はあるのでしょうか。
藤巻〉　報酬も含めて議論をしていく予定です。
加藤〉　長時間にわたり、内容の濃いご意見をいただきました。ありがとうございます。
藤巻〉　こちらこそ、ありがとうございました。

執筆者一覧(掲載順)

1章　インターンシップの現状

1-1 山田　総一郎
日本学生支援機構 学生生活部長

東京大学法学部卒業後、1986年に旧文部省に入省。省内各局、文化庁のほか、英国マンチェスター大学の科学技術政策研究所や福岡県での勤務等を経験。最近では、内閣官房地域活化統合事務局参事官、日本学生支援機構日本語教育センター長を経て、2013年10月から同機構学生生活部長として勤務し、大学等のインターンシップ推進等を担当。インターンシップ関係では、国内30以上の大学と米国、英国の大学を訪問。

1-2 加藤　敏明
文部科学省「産業界のニーズに対応した教育改善・充実体制整備事業委員会」委員
元・立命館大学教授、キャリア教育センター長

通信社、経済新聞社の記者(産業界)を20年、大学教員(大学界)に16年在籍。その間、2005年より文部科学省の様々な委員を歴任するほか、2004〜2011年にかけ国際学会の世界コーオプ教育協会(WACE)で研究発表を行う。立命館大学では半年間の長期インターンシップ「コーオプ演習」、卒業生プログラム「倫理と正義」、全学型キャリア教育科目群を開発、開講。インターンシップを担当する全国の教職員には、顔なじみがいっぱい。

2章1〜4　大学における専門人材

2-1 聞間　理
九州産業大学 経営学部 教授

専門は組織論、特に組織学習理論。2007年より事業開発コースに参加。現在、同コースの他、学内外プロジェクトに支援者・参加者として関わりながら、デザイン思考をはじめとする人間の創造性開発の諸理論と組織理論との融合を目指して研究・研鑽中。

2-2 宮本　知加子
福岡工業大学 ＦＤ推進機構 特任教員

臨床心理士。高等学校国語科教諭、スクールカウンセラー、教育相談員等を務め、2011年から現職。就業力育成プログラムにおける「キャリア形成」「コミュニケーション基礎」「就業実習」を担当。学生のこころに寄り添いつつ、力を引き出せるよう日々向き合う。

2-3 箕口　秀夫
新潟大学 農学部 教授

新潟県職員から1996年に新潟大学に移り、2008年から現職。専門は森林学・生態学だが、農学部副学部長(教育担当・農学部キャリアジム運営センター副センター長)として、「農力」開発プログラムによる人材育成を推進中。

2-4 飯塚　順一
湘北短期大学 総合ビジネス学科 教授
インターンシップセンター長

青山学院大学大学院国際政治経済学研究科国際コミュニケーション専攻修士課程修了。専門分野はコミュニケーション論。教授職と並行してインターンシップセンター長として通年で膨大な回数の学生相談と企業訪問をこなしている。

2章5〜10　大学における専門人材

2-5　大石　友子
京都学園大学 経済経営学部経営学科 教授

音楽関連企業で企画運営に携わった後、横浜市と労働省の機関でキャリア開発と起業支援を担当。2001年より現職。民間と行政の経験や人脈を生かし、ゼミではグループワークによる企業研究、フィールドワークを取り入れている。

2-6　水野　武
摂南大学 キャリア教育推進室 講師

就職情報企業に7年間勤めた後に、独立創業。以降大学生を中心とした若年層活性化を目的に事業に従事する。2011年より現職。創業時代の人脈と知見を活かして全学を通じてのキャリア教育、インターンシップ、PBLコーディネーターを務める。

2-7　中川　正明
京都産業大学 理事、学長特命補佐
(コーオプ教育研究開発センター・進路就職支援センター)

京都産業大学経済学部卒業、学校法人の運営管理を担うとともに、京都産業大学のキャリア形成支援教育や就職力育成事業(就職力育成事業・産業界ニーズに対応した教育改善・充実体制事業等)並びに日本型コーオプ教育の定着に向けた企画・運営、インフラ構築、学生指導等に携わる。

2-8　山本　真行
高知工科大学 システム工学群 教授

2001年東北大学大学院理学研究科地球物理学専攻博士後期課程修了、博士(理学)。通信総合研究所(現：情報通信研究機構)を経て、2003年高知工科大学着任。2013年8月より現職。企業経験のない中、学内のインターンシップ部会長を務める。

2-9　高瀬　和実
岩手県立大学 学生支援本部
(高等教育推進センター兼務)特任准教授

民間金融機関、教育関連企業(組織内人材育成)を経て、2011年より岩手県立大学に赴任。2014年から現職。本部組織に所属する立場で全学の就業力育成、キャリア形成科目、就職支援を実施しながら学部専門科目にも出没する。

2-10　古賀　正博
九州インターンシップ推進協議会
理事・事務局長

大手電機メーカーで約20年間人事業務に従事。2010年に経済団体に転籍し2012年より現職。年間1,000名を超えるインターンシップを実施。また学生が地場企業を取材するPBLを企画・運営するなど常に新しい産学官連携教育に挑戦している。

143

インターンシップの
プロになる!

まず、何から始めるか？　ポイントをしっかり教えます!

2015 年11 月4 日　第一版第一刷発行

監　　　修	山田 総一郎
編集代表	加藤 敏明
発　行　人	佐藤 裕介
編　集　人	岩岡 潤司
発　行　所	株式会社 悠光堂

〒104-0045 東京都中央区築地6-4-5
シティスクエア築地1103
電話：03-6264-0523
FAX：03-6264-0524

制　　　作	三坂 輝
デ ザ イ ン	株式会社 ステップ
印刷・製本	中和印刷 株式会社

©2015
ISBN978-4-906873-48-7　C3037
無断複製複写を禁じます。
定価はカバーに表示してあります。
落丁本・乱丁本はお取替えいたします。